十三種
人類劣根性

別在不知不覺中迷失自己

一言不合就幹架、不努力怪天公伯沒保庇
沒人有義務配合你,不要再耍小孩子脾氣

美國潛能學大師安東尼・羅賓斯(Anthony Robbins):
「影響我們人生的絕不是環境和遭遇,而是我們自身的性格。」

完美主義者看什麼都不順眼,活活逼死自己;
賴惰者老把明天掛嘴邊,最後只是虛度光陰;
自卑者永遠跨不出那一步,到頭來一事無成;
悲觀者總是不自覺唉聲嘆氣,讓人壓力山大......

本書全面剖析十三種性格上的弱點,手把手帶你改造自己!

蔣文正,左蘭 編著

目 錄

目錄 ―――――――――――――――――――

目錄

第十二章　改掉「一根筋」的缺點

第十三章　將膽怯懦弱扔進太平洋

目錄

第十四章　死要面子的人最沒面子

前言

到底是什麼決定了我們人生的成敗？

千百年來，人們都在苦苦追尋著答案。從東方的紫微斗數、生辰八字，到西方的星座、血型……五花八門的分析工具，卻沒有一個讓人真正信服。

直到 1920 年代，一個名叫佛洛伊德的奧地利精神病學家終於揭開了「命運」之謎的一角：人的命運與其性格關係密切。佛洛伊德在《自我與本我》（*The Ego and the Id*）中，清楚地闡述了他的人格結構理論。而後，師從佛洛伊德的榮格（Carl Gustav Jung），在「性格類型」的課題上取得了更大的突破。

這令不少茫然或悲觀於自己命運的人，逐漸從混沌中醒來。原來，並沒有什麼注定的命運。如果一定要說有，也是「性格決定命運」。世界著名潛能學大師安東尼·羅賓斯（Anthony Robbins）認為：「影響我們人生的絕不是環境，也不是遭遇，而是我們自身的性格。」的確，無論放到哪個年代，無論考察多少人的人生軌跡，都可以清處地看到性格對人生命運的決定性意義。

性格是什麼？性格是一種穩定的心理特徵，表現在一個人的處世態度與行為層面上，是其個性的重要組成部分。它不僅影響著一個人的婚姻家庭等生活狀況，同時也影響著一個人的人際交流、職業升遷、事業發展……性格曾隨著個人的閱歷、教育、成功或失敗的經歷進行自我改變。而作為載體的「人」，只能夠在性格的支配下，亦步亦趨碌碌而行，並因為性格中的某些特點，收獲命運之神的恩寵或者懲戒。

「大多數人想改造這個世界，卻極少有人想改造自己。」偉大睿智的

前言 ───────────────

列夫・托爾斯泰如是說。一個巨大的成功，有時僅僅得益於性格深處的一次微小嬗變，這種嬗變就源自於對優良性格的培養和拙劣性格的擯棄。翻閱那些成功人士的奮鬥經歷，我們不難發現：成功的過程，恰恰是一個人克服自身性格缺陷的過程。亞歷山大、拿破崙曾因身材矮小而一度自卑，可是他們最終戰勝了自己，在政治上獲得輝煌成就；蘇格拉底、伏爾泰曾為失敗自暴自棄，不過他們後來走出低谷，在學術領域大放光芒；希區考克（Sir Alfred Hitchcock）和卡夫卡（Franz Kafka）經常和怯懦焦慮的性格抗衡，最後找到了最適合自己的方向 —— 摘取了電影和文學藝術殿堂上的桂冠。

改變性格，改變命運。性格雖然有先天性，但更具有可塑性，只要你正確意識到性格弱點對自己的危害，並用心去改變，你就一定會成功！

第一章
改變命運從改變性格開始

第一章　改變命運從改變性格開始

曾有記者問金融家 J・P・摩根（John Pierpont Morgan）：「決定你成功的條件是什麼？」摩根毫不掩飾地說：「性格。」記者又問：「資本和資金比性格重要嗎？」摩根笑笑說：「資本和資金很重要，但最重要的還是性格。」

翻開摩根的創業史，我們會發現：無論他在歐洲成功發行美國公債；還是慧眼識中無名小卒的建議大興鋼鐵托拉斯計畫；甚至力排眾議冒著生命危險去推行全國鐵路聯合，都是由他執著和勇於創新的性格決定的，缺少這些性格，他很難取得輝煌的成就。

既然性格決定命運，那麼要想改變命運，從改變性格入手就是唯一的捷徑。

在紐芬蘭島沿海水域，美國的一艘海軍戰艦與加拿大當局有如下一段對話──

美軍：請你變更航線，偏北 15 度，以免撞船。

加方：建議您改變您的航線，15 度，偏南，以免撞船。

美軍：我是美國海軍艦艇司令，我再說一遍，你必須改變航線。

加方：不，我也再說一遍，應該是您改變航線。

美軍：我是美國企業號航空母艦，是大西洋艦隊最大的戰艦。和我在一起的還有三艘驅逐艦，三艘巡洋艦，還有無數後勤艦艇。我堅決要求貴方改變航線，偏北 15 度，是 15 度，偏北。否則，為確保我方艦艇安全，我方將採取敵對措施。

加方：這裡是燈塔，請回話。

美軍：⋯⋯

▌從「木桶定律」談起

　　在經濟學、管理學上有一個著名的「木桶定律」：一個木桶能盛多少水，並不取決於最長的那塊木板，而是取決於最短的那塊木板。因此，要想提高木桶的容量，就應該設法加高最短的那塊木板的高度，這是最有效也是唯一的途徑。

　　木桶定律來自於生活中的經驗，樸素的道理中凝結著人類智慧的結晶。劣勢決定優勢，劣勢決定生死。有些人也許不知道木桶定律，但都知道「一票否決」或「一顆老鼠屎壞了一鍋粥」，這是大家熟悉的詮釋。木桶定律在很多領域都適用，具體到性格上，可以理解為一個性格缺陷很可能會令其他性格優點黯然失色，並造成非常慘烈的後果。

　　成就一番事業，需要天時地利人和；而毀掉一份事業，往往只需要性格上的一個弱點。一個人的悲劇，追根究柢是性格的悲劇。青年詩人顧城才華橫溢、真誠善良，卻因為性格孤僻、心胸狹隘而處處樹敵。最終，在紐西蘭的懷希基島用一把斧頭結束了妻子與自己的生命。在他舉起鋒利的斧頭的瞬間，真誠與善良已經缺席，性格的缺點令他完完全全變成了一個嗜血的惡魔。

　　莎士比亞的《哈姆雷特》（*Hamlet*）也是一場不折不扣的性格悲劇。哈姆雷特愛好智力與體力的鍛鍊，具有高超的藝術欣賞的能力，是一個知識淵博的人，受到了高貴父王的寵愛。他心地坦率，胸襟寬大，不懂得這個世上除了絢爛的大自然和崇高的人性之外還有其他的東西。

　　哈姆雷特最大的弱點是優柔寡斷，這個性格缺陷導致了一場又一場的悲劇。延宕的王子，時刻都在抉擇，他有過很多機會，可當機會握在手中，他卻莫名的徬徨，而這種徬徨令一切美好的東西都破碎了。

第一章　改變命運從改變性格開始

有一句話叫「馮唐易老，李廣難封」，典出王勃的〈滕王閣序〉，感慨歲月不饒人以及生不逢時。根據司馬遷《史記》中的記載，馮唐是西漢一個很有才能的人，因孝行被舉薦做了中郎署長，侍奉漢文帝。郎官是皇宮侍衛，屬於漢代的初級官吏。一次，漢文帝談到曾經的名將廉頗、李牧時說：「我偏偏得不到他們這樣的人當將領，如果有這樣的將領，我難道還用憂慮匈奴嗎？」馮唐回答：「我想陛下即使得到廉頗、李牧，也不會任用他們。」漢文帝很不高興，回到宮裡，越想越生氣，又召見馮唐，責備他說：「你為什麼當眾侮辱我？難道就不能私下告訴我嗎？」馮唐謝罪說：「鄙陋之人不懂得忌諱迴避。」漢文帝還真是個有道明君，又一次詢問馮唐：「您怎麼知道我不會任用廉頗、李牧呢？」馮唐長篇大論地說了一番道理，限於篇幅，這裡我們就不詳述了，總之文帝聽了很高興，賞了馮唐一個車騎都尉，也就是掌管中尉和各郡國的車戰之士。後來漢景帝即位，讓馮唐任職楚國的丞相，不久被免職。等到漢武帝即位徵求賢良之士時，很多人舉薦馮唐。但馮唐這時已年過九十，耳背目聵，不能再做官了。

從司馬遷的筆下，可以看出馮唐是個性格耿直的人，這樣的人壞事往往是壞在嘴上。在官場混的人尤其好面子，失了面子就等於失了官威。馮某人不懂這點，連皇上都敢衝撞，對一般的上下級就更不消說了。漢文帝有容人之量，但這樣的領導者在地球上是鳳毛麟角，所以馮唐最終被逐出官場，虛耗時光，抑鬱而終。

李廣的名氣要比馮唐大得多，他是漢武帝時的名將，多年抗擊匈奴，軍功很大，卻終身沒有封侯。千百年來，無數人為李廣的命運扼腕嘆息，卻很少意識到李廣的命運是其性格所致。「但使龍城飛將在，不教胡馬度陰山」，王昌齡的名句為李廣樹立起了剽悍而完美的豐碑。其實李廣也是

有缺點的人，是一個缺點與優點同樣鮮明的名將。正直、廉潔、勇敢、無私是他的性格；意氣用事、心胸狹窄也是他的性格。

在司馬遷的《史記・李將軍列傳》中，我們能看到李廣的這些性格弱點。李廣率部征戰失利，被俘逃回來後，按照漢朝律法當斬，結果李廣用錢贖罪，成為平民閒居在家。一次夜行歸來，遭到了霸陵尉的盤問，隨從回答「故李將軍」，意思是「曾經的李將軍」。喝醉的霸陵尉說：「今將軍尚不得夜行。」意思是：「別說是曾經的將軍，就是現任將軍也不能夜行。」在那時，宵禁是嚴格的規定，照例盤查在霸陵尉的職權範圍之內，儘管霸陵尉喝醉了酒，也屬正常。可李廣卻將這件事記在心中，待其復任右北平太守時，終於用權力將霸陵尉要到自己軍中，剛進軍營就讓人把霸陵尉殺了。這是典型的公報私仇，讓他的名聲受損。

殺八百羌人俘虜，又為李廣的武將風采塗上了一道陰影。李廣擔任隴西太守時，羌族人經常反叛朝廷，李廣採用計謀誘降八百人，之後又把這八百人在一天內殺了。中國歷來把受降視作非常榮耀的大事，且把修築受降城、午門獻俘等作為遠服外夷的重要手段。俘虜八百羌人，這本來應該成為李廣武將生涯中輝煌的一筆，可是李廣卻將這八百俘虜殺了，這能不引起朝廷高層的意見嗎？且自古殺俘不詳，從白起到項羽再到李廣，殺俘者都沒有好歸宿。這似乎印證了李廣後來自殺的結局，「禍莫大於殺已降，此乃將軍所以不得侯者也」。

以上這些，構成了李廣那令人扼腕嘆息的命運。

看到如馮唐、李廣這些卓越的人依然難免因性格缺點的制約而壯志難酬，我們在懷才不遇時還會只是發牢騷嗎？

反思一下自己吧！找到導致你現狀的性格缺點，將其短處補長，好運自然就會來到！

▌性格並非不可改變

俗話說「江山易改，本性難移」，意思是改變性格非常困難，因為性格是「本性」，與生俱來的，改變它的難度要大於改朝換代。說白了，就是性格幾乎是不可以改變的。事實真的是這樣嗎？

瑪里‧居禮（Marie Curie）曾說：「我並非生來就是一個性情溫和的人。許多像我一樣敏感的人，甚至受了一言半語的苛責，便會過分的懊惱。」她說她受丈夫溫和性格的影響，也學會了逆來順受。她確信，一個具有良好性格的丈夫會在不知不覺中影響和提高妻子的心靈品性。據瑪里‧居禮自己介紹，她還從日常種種瑣事，如栽花、種樹、建築、朗誦詩歌、眺望星辰中培養沉靜的性格。

中國赫赫有名的民族英雄林則徐為了改掉自己急躁易怒的脾氣，曾在書房醒目處掛起自己親筆書寫的「制怒」橫匾，以此自警自戒，陶冶自己的情操。

美國人尊敬班傑明‧富蘭克林，不僅因其對美國的獨立戰爭和科學發明有著重大的貢獻，還因為他有很強的自我意識能力和良好的性格，為後人樹立了光輝的榜樣。有人曾批評富蘭克林主觀驕傲，他認真反思後，替自己立下了一條規矩：絕不正面反對別人的意見，也不准自己武斷行事。他還對自己提出了具體改正的要求。他說：「今後我不准許自己在文字或語言上措辭太肯定，我不說『當然』、『無』等，而改用『我想』、『我假設』或『我想像』。當別人陳述一件我不以為然的事時，我絕不立刻駁斥他，或立即指正他的錯誤，我聽完陳述後會在回答的時候說：『你的意見沒有錯，但在目前情況下，還需要再斟酌。』」富蘭克林就是用這種方法克服自己性格中的缺陷，這也正是他成功的一個祕訣。

所以，雖然性格一旦形成就具有穩定性，但並非一成不變的。在經歷

了許多事後，行事魯莽衝動的人也可能學會了適當的謹慎，而那些有勇無謀、鬧市操刀的武夫也可能學會了相時而動，這都是慣性行為方式發生若干變化的結果。

俗話說「士別三日，當刮目相看」，正是這個道理。相傳在三國鼎立時期，東吳孫權麾下的大將呂蒙，年輕時急躁衝動，逢事不動腦筋，一味橫衝直撞，結果常常是事倍功半。後來孫權督促他勤讀書，呂蒙逐漸收斂起魯莽的個性，並豐富智謀成分，成為東吳著名的軍事將領。後來，他又設計攻破荊州，逼使智勇雙全、威震華夏的西蜀名將關羽上演了敗走麥城的歷史悲劇。

清代名將曾國藩原本是個果敢剛毅的人，他曾先後四次抗旨不遵，絕不在羽翼未豐之時就草率行事，去與風頭正盛的太平軍硬碰。也正是他的剛強，保全了湘軍的實力，為以後的湘軍大破太平軍奠定了基礎。而自咸豐興軍以來，團練四起，清朝廷已形成外重內輕的局面，其中湘軍更是如日中天。曾國藩不僅頭銜一大堆，也實際指揮著三十多萬人的湘軍，還控制著李鴻章麾下的淮軍和左宗棠麾下的楚軍。除直接統治兩江的轄地，即現江蘇、安徽、江西三省之外，同時浙江、湖南、湖北、福建、廣東、廣西、四川等省也在湘軍的控制之中。湘軍水師巡邏於長江，掌握整個長江水域。當時，湘軍將領已有數十人官及督撫，曾國藩更是位及三公，權傾朝野，舉手投足都可以使地動山搖。在這樣的時刻，這樣的境地，已有統治中原數百年歷史的清朝，自然不容高床之卜有虎豹酣睡，這時，如果曾國藩一味強硬下去，恐怕在攻克天京、剿滅太平軍後，就會落個「飛鳥盡，良弓藏」的悲慘下場。

性格是可以變通的。攻陷天京前後是曾國藩最緊張的時期。他明白如何處理好與清政府的關係，已成為能否保持其權力、地位甚至生命的關

鍵。而正確知道並擺脫自己當時的政治處境，則是他面臨的最為迫切的問題。於是，他性格裡的百煉鋼轉化成繞指柔，從此曾國藩的性格開始了柔韌的旅程。

曾國藩透過不斷的錘鍊逐漸改變了自己倔強而近乎剛愎自用的性格，從而具備了剛柔並濟的特徵。他能夠歷盡周折，最終走出三湘大地，成為中興名臣；能夠得心應手地駕馭各種權力，含而不露，隨機應變；能夠成就最大、最全的自己，全依仗於他性格中的剛柔相濟。他的剛柔相濟、變化多端，也最終奠定了他在中國現代史上的地位。

年齡是改變性格的制約因素。研究顯示，性格的可塑性與年齡的增長成反比，年齡越小，性格越容易改變；反之，年齡越大，改變性格越困難。逝者已矣，來者可追。朋友們，讓我們一起努力，趁早改變自己性格上的弱點！

改變性格弱點時的注意事項

人們在改變性格弱點的過程中，有些地方是有共性的，也是我們必須遵守的原則。這些原則為改變性格弱點指明方向，提供動力。下面，我們就逐一介紹這些原則：

必須立即行動

當你了解了自己性格中的弱點之後，就要確定改變的方向。接著，你要做的事就是制定計畫並立即行動，不可總推到明天。

只要下定決心，立刻行動，改變自己的性格弱點並不是很難的事情。改變性格要從改變行為著手，比如一個人如果沒自信，展現在行動上就是做事瞻前顧後，不敢表達自己認為正確的見解，不敢向上級、向同事提出

自己正當的要求，甚至當自己的利益被漠視、被侵害時，也一味忍耐。

這樣的人要改變自己，就必須有敢想敢做的性格。每天給自己一個積極的心理暗示，勇敢地向他人表明自己的觀點和要求，即使受到冷落也不要氣餒。經過長期的行動，其性格就會在不知不覺中發生改變。

同時，不要給自己找藉口，說什麼「我太忙了」、「我從來沒有嘗試改變性格」、「我年紀已經這麼大，無法改變了」之類的話。很多人不去改變性格弱點，並非不能改變，而是不願改變或者覺得不會有效果。其實只要行動起來，一切都會有希望。凡事都應養成立即行動、不拖沓、不遲延的習慣，這樣，你才可以成功。

讓自己堅持下去

無論做什麼事情，最重要的都是堅持，改變性格弱點也是如此。不管是哪種性格，一旦決心改變，就必須堅持不懈地走下去，這樣你的改變才會收到良好的效果。轉化性格是循序漸進的過程，莎士比亞曾說「金字塔是用一塊塊石頭堆砌而成的」，克服性格弱點也是一個長期的、漸進的過程。我們前面已經說過，性格是相當穩定的個性特徵，這種特徵決定了改變弱點不能一蹴可幾，它需要一個長期的過程。

在生活中你會發現：有些人發現自己的性格弱點後，總覺得經過一段時間的調整就可以轉變過來，但努力後卻發現效果並不明顯，於是心情變得失落，最終放棄改變性格的努力。這種做法是錯誤的，性格的形成有個長期的過程，不會在短時間內轉變過來。因此，要改變性格上的弱點，必須將行動長期堅持下去。

有時候，有些人能在短時間內改變自己的性格，但這種轉變很可能是不穩固的，具有反覆性的。比如，有一個懶惰的人下定決心改變惰性，在

短時間內變得很勤奮這是很容易做到的，但這並不意味著這個人已經真正改變了惰性，因為懶惰性格依然在他的身體裡潛伏著，一旦他鬆懈下來，就會恢復原來的樣子。

要改變自己的性格弱點，就必須持之以恆地堅持下去。不要急於求成，也不要在效果不明顯的時候悲觀失望。只要堅持下去，你將看到一個全新的自己。

切不可盲目改變

改變性格弱點是為了讓性格更加完善，因此切不可盲目改變。你必須清楚自己要改變性格的心理動機，了解自己現有性格的優點與缺點，優點要保持，缺點應改變。你要有計畫、有目的地改變自己的性格，從而在各個方面取得成就。此外，要改變性格，就應該知道哪些性格是自己獨有的，把自己的優勢保持下去，同時，把那些阻礙完美進步的弱點克服掉。

▌容易導致失意的十三種性格

每個人都有不同的性格，有些性格讓人們獲得了成功，擁有了財富，但有些性格卻很容易導致人們失意，讓他們貧窮、鬱悶或孤獨。

以下是十三種招來失意的性格：

◆ **求全責備的性格**：不管對人還是對事都高標準、嚴要求，力爭盡善盡美；即便做得非常出色，仍然不能滿意……事實上，完美型性格的人不僅讓身邊的人難受，同時也讓自己備受煎熬。

◆ **自卑的性格**：凡事不敢去嘗試，自己否定自己。都不用誰來宣布他是失敗者，他自己就用行動證明了自己是失敗者。

◆ **怯懦的性格**：這種人膽子太小，什麼都怕，什麼都擔心。要知道，世

上沒有一條成功的道路是平坦的。所以，他們只能眼睜睜看著人家發財，自己卻在小小的角落裡唉聲嘆氣。要改變這種性格，就必須讓自己變得堅強，告訴自己沒什麼可怕的。

◆ **懶惰的性格**：一種是身體懶，另一種是大腦懶。身體懶的人喜歡指揮別人，從不想親手做任何事情。大腦懶的人一輩子都是做著同樣的工作，從來不考慮為什麼要做，怎樣做會更好。如果這兩種懶惰集中到一個人的身上，那他的一生將是悲哀的。要改變這種性格，就必須勤奮一點，既要動腦，也要動手。

◆ **內向的性格**：能成功的人都會注重人際關係，而性格內向的人不擅長與人打交道，想成功就不容易了。這樣的人要想獲得成功，就必須有一個開朗的心境，去和身邊的人大膽交流，並建立良好的人際關係。

◆ **鬱鬱寡歡的性格**：多愁善感、鬱鬱寡歡，偶爾為之可以算是心情的調劑，但若長久沉溺其中，甚至將之固化為性格，就會使人喪失前進的動力。

◆ **優柔寡斷的性格**：機會往往如電光火石，稍縱即逝。很多人之所以一事無成，最大的原因就是缺乏勇於決斷的魄力，總是左顧右盼、思前想後，從而錯失了成功的最佳時機。成大事者在看到成功的可能性到來時，勇於做出重大決斷，取得先機。

◆ **剛愎自用的性格**：這種人自信心爆棚，一意孤行、好大喜功。他們只喜歡聽好話，聽吹捧的話，聽不進不同的意見，更不喜歡聽反對的話，因而在他的周圍聚集著一群獻媚於他的小人。最終，一個大跟頭摔得鼻青臉腫。

◆ **隨波逐流的性格**：不要問我去哪裡，風向哪裡我就去哪裡。然而，有句話說得好：「假如你不知道自己駛向何處，那麼來自任何方向的風

對你來說都不是順風。」

◆　**一根筋的性格**：任何時候都不懂變通。別人是不見棺材不掉淚，這種
　　人是見了棺材也不掉淚，結果當然是頭破血流。為什麼要直直衝呢？
　　繞一下不行嗎？

◆　**死要面子的性格**：如果一個人的努力僅僅只是為了面子，不但過程可
　　憐，結局也會可悲。面子既不能不要，但也不能全要。如果死要面子
　　的話，就會丟掉更重要的東西。

◆　**敏感多疑的性格**：猜疑之心令人迷惑，亂人心智，有時甚至使人辨不
　　清敵與友的面孔，混淆了是與非的界線。這種性格的人，無論是家庭
　　還是事業，都極容易遭受無端的損害和失敗。

◆　**衝動的性格**：這樣的人很難把握自己的情緒，衝動的時候往往失去判
　　斷，會輕易許下諾言，變成了信口開河，當許諾沒法實現時，就損害
　　了自己的信譽。最重要的是不經考慮便草率做決定，這是最容易失敗
　　的原因。要改變這種性格，一定要在關鍵的時候控制情緒，用清醒的
　　頭腦去處理事情。

　　以上這些性格都能導致人的失敗，既然知道這些性格不利，就要去改
變它們，俗語說「江山易改，本性難移」，其實並不正確。只要我們有決
心、有毅力，完全可以改變那些阻礙我們進步的性格弱點。

▍好性格需要不斷自我修訂

　　在每年的 12 月 1 日，紐約洛克斐勒中心前面的廣場都會舉辦一次為
聖誕樹點燈的儀式。碩大的聖誕樹無論從哪個角度上看都無可挑剔，據說
是從賓夕法尼亞州的千萬棵巨大的杉樹中挑選出來的。

一位畫家深深地被聖誕樹的完美吸引住，他帶領自己所有的學生寫生。

「老師，你以為那巨大的聖誕樹真的那麼完美嗎？」一個女學生神祕地笑道。

畫家十分奇怪：「千挑萬選，還能不完美嗎？」

「多好的樹都有缺陷，都會缺枝少葉，我爸爸在賓州當木工，是他用其他樹枝補上去，才令這些聖誕樹看上去如此完美的！」

畫家恍然大悟：一切貌似完美的事物都源自於辛勤修補。

一個人不管他多偉大、多出名，都不過是一棵需要不斷修補的樹……任何性格，都是在不斷地修補中日臻完美；任何人，都是在不斷地打磨中錘鍊成才的。

自我修養在個人性格的發展過程中有著非常重要的作用，它是教育的補充力量，也是良好性格的發展方向。「玉不琢，不成器」，不論是偉人還是庸人，每個人的優良性格都是在後天的實現過程中不斷自我修正的結果。

任何人的一生都是自我完善的一生、自我塑造的一生。塑造性格的目的，就是要克服不良的性格，實現性格的優化轉變，從而找到最真實的自我。

性格的修養是一種完善自我的自覺行動。有無性格修養的自覺性，將決定能否在性格修養方面取得成就。性格修養的自覺性，首先來自於主體對性格缺點危害性的認知程度；其次，取決於對自己嚴格要求的程度。成功的人大多是從性格改造與完善中訓練出來的。一個胸有大志的人對自己會有嚴格的要求，他的理想越崇高，為了實現這個理想而積極改造自我性格的決心就越大。

美國著名文學家、政治家、企業家富蘭克林能用十三項內容來錘鍊自

己，緣於一位以嚴格要求和博學多才而聞名的編輯 —— 弗恩。

　　富蘭克林每次向他交稿時，弗恩總是一句話：「如果你對某一個字的寫法沒把握，就查字典。」同時，他規定富蘭克林每天寫一篇文章交給他。假如哪天沒有，弗恩就敲著桌子說：「文章呢？」這樣，在日積月累的歲月中，富蘭克林的文章大有進步。

　　之後，弗恩去世了。富蘭克林在整理弗恩遺稿時，看到了這樣一段話：「我不是你心目中的那個人。我並不懂寫作。你讓我教你，我盡量去做，其實多數時候是你自己打磨自己。」富蘭克林終於明白：自己的寫作才能，其實就是自己在一篇一篇文章的累積中打磨出來的。

　　此後，富蘭克林一直以敬畏的心情，按照弗恩的嚴格要求，不斷磨礪自己，終於能寫一手好文章。

　　就像富蘭克林不停地打磨自己的「筆尖」一樣，你只有不停地打磨、完善自己的性格，性格才會放射出奪目的光芒。

完美是戕害心靈的毒

不管對人還是對事都高標準、嚴要求，力爭盡善盡美；即便做得非常出色，仍然無法滿意……這樣的人，就是所謂的完美主義者。

一個女孩這樣描述她那完美型性格的丈夫：「我丈夫對我做的每一件事都要糾正，我想就算是我死了，他也會要求我活過來再死一次 ── 因為在他眼裡我從來沒有哪件事是第一次就做對了。」

這個女孩的話雖然說得很幽默，但讓人聽了卻笑不出聲。事實上，完美型性格的人，不僅讓身邊的人難受，同時也讓自己備受煎熬。

一位牧師對聽眾發表了一篇演說，題目叫〈每個人都是從天而降的天使〉。他講得熱火朝天、生動有趣，贏得了雷鳴般的掌聲。不過，在他準備走下講壇的時候，還是有些人表示了質疑與反對。

首先向牧師提出疑問的是一位青年男子。這位男子用右手食指指著自己的塌鼻子對牧師說：「你說每個人都是從天而降的天使，你看我的樣子像天使嗎？」接下來，又有一位天生跛腿的女子也向牧師就自身的生理缺陷提出了疑問，她認為上帝對自己極不公平。

牧師微笑著對青年男子說：「你當然是天使，只不過在從天而降的時候，鼻子先著地而已。」

「而妳，」牧師將目光轉到跛腿女子身上，「在從天而降的時候，忘了打開降落傘，而且是用單腿著地的。」然後，牧師指了指自己的一雙短腿繼續說道：「我同樣忘記打開降落傘，不過我是雙腿一起著地的。」

▌這個世界從來沒有完美過

完美只是理想，人非聖賢，誰能是十全十美的完美之身。追求完美只會得不償失，只有坦然面對並接受自己的缺點，專心經營自己的長處才能獲得成功。

美國著名的歌唱家卡絲‧黛利有一副美麗的歌喉，但美中不足的是她長著一口非常顯眼的暴牙，這使她在成名之前非常自卑。後來，在一次全國歌唱比賽中，她聽從一位好心評審的勸告，比賽時不再考慮她的牙齒問題，而是全身心地投入演出。結果，這次比賽她憑自己的實力征服了聽眾和評審，脫穎而出，從此走上了歌壇。

夢中的情人也許會很完美，現實中的愛人卻多少有些缺陷或者缺點；廣告中的商品也許會很完美，真正用起來卻往往不盡如人意。完美只存在於虛幻當中，而不完美才是真實。追求完美是十分飽的心態，在這種心態下的人會因為追求完美而勞累，會因為追求不到完美而傷心。

古人云：「甘瓜苦蒂，天下物無全美」。又云：金無足赤，人無完人。聰明的人在追求美好的事物的同時也能容忍美好事物中的些許不足。西施的耳朵比較小，王昭君的腳背肥厚了點，貂蟬有點體味，楊玉環略胖，趙飛燕又偏瘦……俄國哲學家、作家車爾尼雪夫斯基（Nikolay Gavrilovich Chernyshevsky）有一句名言：「既然太陽上也有黑子，人世間的事情就更不可能沒有缺陷。」

這個世界從來就沒有完美過：冰川、洪水、戰爭、瘟疫、酷暑、嚴冬……在不完美的世界追求完美，是對世界的不認可、不寬容，是對他人的不認可、不寬容，同時也是對自己的不認可、不寬容。這樣的人最終將成為孤獨的人，生活在孤寂和焦灼之中。生活的目的在於發現美、創造美、享受美，而不該盯著不完美、不理想的事物苦苦折磨自己。

事事追求完美是一件痛苦的事，牠就像是毒害我們心靈的毒藥。因為這個世界本來就不是完美的，過去不是、現在不是、將來也不是，牠本來就是以缺陷的形式呈現給我們的。我們如果事事追求完美，那無異於自討苦吃。所以哲人說：「完美本是毒。」

第二章　完美是戕害心靈的毒

　　從前，一位老和尚想從兩個弟子中選一個做衣缽傳人。

　　一天，老和尚對兩個徒弟說：「你們出去給我揀一片最完美的葉子。」兩個弟子遵命而去。不久，大徒弟回來了，遞給師傅一片樹葉說：這片樹葉雖然並不完美，但牠是我看到的最完整的葉子。二徒弟在外面轉了半天，最終卻空手而歸，他對師傅說，我看到了很多很多的樹葉，但總也挑不出一片最完美的……」自然，老和尚把衣缽傳給了大徒弟。

　　「揀一片最完美的樹葉」，人們的初衷總是最美好的，但如果不切實際地一味找下去，一心只想十全十美，最終往往是兩手空空。直到有一天，我們才會明白：為了尋找一片最完美的樹葉，而失去了許多機會是多麼的得不償失。

　　世間許多悲劇正是因為一些人熱衷於追求虛無縹緲的完美，而忘卻了任何選擇都可以走向完美。完美不是既定的現象，而是日臻完善的執著追求過程。

　　揀一片最美的樹葉，需要擁有一份理智，一份思索，一份對自身實力的審視和把握。

　　揀一片最美的樹葉提倡我們超越缺憾，並且在缺憾的人生中追求完美。缺憾可以當作我們追求的動力，如果能這樣看，我們就不會為種種所謂的人生缺憾而耿耿於懷了！

　　有了缺憾就會產生追求的目標。有了目標，就如同候鳥有了目的地，哪怕總在飛翔，累得上氣不接下氣，有期望的目標，就能夠堅持下去。

　　事事追求完美會使我們陷入困境。不要讓盡善盡美主義妨礙我們參加愉快的活動，試著將「一定做好」改成「努力去做」。

▎缺陷讓你更加真誠與真實

　　過去，完美無瑕的美女只存在於古老的傳說以及自己的夢中。近年來隨著電腦技術的進步，形形色色的虛擬美女開始出現在人們的眼前。虛擬美女們的相貌精緻，皮膚細膩，身材絕倫──簡直個個都是絕世美人。

　　3D 設計師是一群永遠也不知道疲倦的唯美主義者，他們甚至為這群虛擬的美女舉行了世界級的選美大賽。在義大利舉行的「數位世界小姐」大賽和在倫敦舉行的「超現實數位模特兒展」成了虛擬美女們爭奇鬥豔的最佳場所。

　　值得玩味的是：在虛擬美女的舞臺上，最受歡迎的並非那些幾乎無可挑剔的美人；相反，人們對於有缺陷的美女更加情有獨鍾。在倫敦舉行的「超現實數位模特兒展」上，一個叫卡婭的虛擬妹妹豔壓群芳。她濃眉大眼、烈焰紅唇；她一本正經、嚴肅有加；她嫣然一笑，露出可愛的虎牙；如果靠近一點，她臉上的雀斑清晰可見；再靠近一點，略顯粗大的汗毛孔都歷歷在目。卡婭是「數位美女團」的十二佳麗之一，她在眾多愛慕者的鮮花和郵件的包圍中忙得不可開交。

　　卡婭是巴西藝術家阿爾塞烏‧巴普提斯塔奧嘔心瀝血創造出的虛擬美女。巴普提斯塔奧認為卡婭是他無數作品中最成功的典範，也是新一代「數字模特兒」中最時髦、最有魅力的一個。雖然卡婭有許多缺陷，但正是這些缺陷使她有了無與倫比的真實感，造就了她的非凡魅力。

　　在爆紅動畫電影《駭客任務立體動畫特集》（The Animatrix）中，身手不凡的東方美女在《最後戰役》（The Matrix Revolutions）中把中國古劍使得出神入化，一拳一腳真實有力。不過她和卡婭一樣，臉上也長著雀斑，仔細分辨，還有一些小黑痣，一雙眼睛異常真實。導演華卓斯基姐妹（The Wachowskis）歡喜地宣布，他們大膽地呈現人類肌膚細微的動作和

改變，獲得了巨大的成功，能將人物的皮膚和汗水都逼真地加以表現，實現了創作虛擬形象上的技術突破。毫無疑問，我們眼前的虛擬美女會變得和真實世界中的美女一樣，同時擁有美麗和不同的缺陷，而不再是渾身透著虛假氣息的虛擬人。

虛擬美女的出現不過短短十來年，從 1996 年誕生至今，看多了數字尤物的人們更青睞接近現實的虛擬模特兒。因為那些近乎完美的數字美女給人不真實的感覺。現在，一些執著的 3D 設計家們已經做出改變，一個新的時代開始了 —— 現實版虛擬美女們或長著滿臉雀斑、或戴上俗氣的黑框眼鏡、或不經意露出口中的虎牙……競相展現缺陷美。

虛擬世界裡的完美，在現實中並不怎麼受歡迎，其原因是看上去不真實。沒有人喜歡虛假的東西，仿真花做得再完美，甚至噴上香水，也敵不過鮮花的魅力。那麼，生活在現實生活中的人，還有什麼理由去追求不可能的完美？你追求而來的「完美」，無非是努力掩飾了缺陷而已，在別人眼裡是虛偽的，是令人懷疑的，是不值得信任的。

吳君如曾在電臺節目中大曝金像影后周迅有口吃毛病，指出雖然周迅在鏡頭前演戲及唱歌口齒伶俐，但在鏡頭後卻有口吃的毛病。吳君如更指周迅為怕暴露缺點，一直很怕接受訪問。周迅在慶功宴回應得出乎意料的坦白，她說：「我口吃，是所有人都知道的。我反而為自己驕傲，我有這個缺點，就去克服牠，去演戲和唱歌。」周迅一言既出，唯恐天下不亂的娛樂記者們都啞口了。在一個真誠的人面前，連有「狗仔隊」盛名的記者們都失去了嘲笑她的勇氣。

拿破崙身材矮小、莎士比亞是個禿頭、尼采雙眼凹陷、塞凡提斯長著招風耳……有缺陷就有缺陷吧！沒必要整天躲躲藏藏。把眼睛放在你的優勢上，那些小小的缺陷會讓你顯得更加真實與真誠。

降低標準，學會偷懶

　　心理學家指出，過度追求完美是病態的心理，不利於身心健康。他們建議完美主義者要降低標準，學會偷懶。

　　在幾年前的法國網球公開賽上，女選手維納斯·威廉絲（Venus Ebony Starr Williams）取得十七場連勝的驕人戰績。她發表勝利感言：「我還不夠努力。我討厭在任何事情上犯錯，不僅是球場上。」可見，威廉絲不論在球場上還是在生活中都追求完美，不容許自己有絲毫錯誤。有人說，正因為威廉絲為自己設定了一個非常高的標準，她才能發奮圖強，斬獲佳績，追求完美是她達到目標的健康動力。

　　「我並不這樣認為，」加拿大不列顛哥倫比亞大學心理學家保羅·休伊特說，「這些人往往忽略了完美主義者脆弱的一面，譬如沮喪、厭食和自殺。」

　　「完美與優秀是兩回事，人們想在一些事情上表現完美，這無可厚非。」休伊特說，「但如果在生活的各個領域都要求完美，譬如家庭生活、外貌著裝、個人喜好等，那就可能出現問題。」

　　但在很多人眼裡，「完美主義者」這頂帽子並不難看，追求完美才能達到優秀。事實上，追求完美和追求優秀是兩回事。

　　休伊特舉例說明兩者的區別：他的一個病人是一名大學生，總是情緒低落。他希望自己在課程上取得「A+」的成績，於是，他課後努力複習，課堂上表現出色，終於如願以償。但當休伊特過一段時間見到他的時候，發現他更加沮喪，自殺傾向更為明顯。「他對我說，『A+』只是證明他多麼失敗。如果他很完美，根本不需要如此努力就應該得到這樣的成績。」休伊特說。

很多完美主義者自身也不覺得追求完美是病態的表現。美國加利福尼亞大學戴維斯分校的僱員援助顧問艾麗斯・普羅沃斯特近期舉辦了一場針對追求完美衝動的治療活動。她說：「他們對此（追求完美）深感自豪。社會對他們追求完美予以高度評價，從而堅定了他們繼續追求完美的信心。」

普羅沃斯特說，她經常碰到一些具有強迫症狀的病例：有人無法忍受桌子上雜亂無章，有人絕不把今天的工作留一半到明天，有人花大量時間不斷檢查，只為達到他自己設定的目標。這些其實已是苛求完美的病態表現。

休伊特認為，對於完美主義者的治療，應該尋找病源，對症下藥。「我更多地致力於尋找追求完美的原因 —— 被接受、被關愛的需求，那些人際間的需求才是驅動完美主義行為的原因。」

譬如會有完美主義者認為，如果他們表現不完美，就沒有人疼愛。而事實上，真正的完美不可能實現。所以，他們永遠也感受不到被愛。休伊特說，他們並不知道，愛不以成就為標準。學會接受自己和別人的缺點，不但不會導致平庸，而且還是通向美好生活的通途。

例如，不妨按時上下班，不早到、不熬夜加班，所有休息時間都用來休息。允許自己有幾次未能按既定計畫完成工作。然後問問自己：「你受處罰了嗎？生活還正常嗎？你是不是更加快樂？」休伊特說，「你一定會很驚訝地發現，一切照常運轉，曾經非常擔心的事情其實並沒有那麼重要。」

「不如人」是明智之舉

生活中常有這樣一些人，總是好為人師。每當人們談論一個話題時，他就會接過話頭說：「這個嘛，我知道……」然後東拉西扯，牛頭不對馬嘴仍洋洋得意。睿智的先哲曾經說過：「我唯一知道的是我的無知。」

「知之為知之，不知為不知」，勇於承認自己的「不知」，坦率地向內

行人請教，不但不會被人笑話，反而能給人們留下極好的印象。同時自己也可以得到不少新的知識，亦不必因自欺欺人而感到內心不安。

這個道理很多人懂，但問題是道理好懂，做起來卻難。光是一個面子問題，就會讓很多人羞於說「不知道」。

一位研究生曾遇到過這樣一件事：由於學位論文在正式答辯前要送交專家審閱，他便把他寫的有關宇宙觀的哲學論文送交給一位白髮斑斑的物理系教授，請他多多指教。但他沒有想到的是，這位老前輩第一次約見他的時候就誠懇地對他說：

「實在對不起，你論文中所寫的物理學理論我還不太懂，請你把論文留在我這裡，讓我先學習一下有關的知識後再給你提意見，好嗎？」

他當時簡直不敢相信自己的耳朵，不是因為相信老教授真的不懂，而是因為一位物理系的權威大家，勇於當著一位還沒有畢業的研究生的面承認自己在物理學領域還有不懂的東西！

老教授大概看出了他內心的疑惑，爽朗地笑了起來：「怎麼，奇怪嗎？一點都不奇怪！物理學發展日新月異，新知識層出不窮，好多東西我都不了解，我過去學的東西有很多現在已經陳舊了，當務之急是持續學習。」

老教授的話讓這位研究生佩服得五體投地：這才是真正的學者風度！回想起自己經常礙於面子，在同學面前，不知道的事情也硬著頭皮憑著一知半解講解，真是十分慚愧！

在他做論文答辯時，有一位外校的教授向他提出了一個他不懂的問題，他雖然覺得心跳加速，臉頰發熱，但一看到坐在前面的那位物理系教授，頓時勇敢地說「我不知道」。他原以為在場的人會發出譏笑，但結果並非如此，他還見到那位教授滿意地點了點頭。答辯會一結束，老教授就把他叫到一邊，詳細告訴了他那個問題的來龍去脈，使他大受感動。

第二章　完美是戕害心靈的毒

　　白髮斑斑的老教授勇於向青年人承認自己「不懂」，使研究生對他更加尊敬；研究生深受教授影響，在答辯時面對難題，也承認了自己知識的不足，同樣受到他人的讚賞。可見，承認「不知道」不但可在人們的心目中增加可信度，消除人際關係中的偏執和成見，開闊視野，增長知識，而且還有另外一大益處：使自己更富有想像力和創造力。

　　曾經有一位善辯的哲學家來到阿克沙哈市，他問道：「誰是你們這地方最出名的學者？」

　　人們告訴他：「是謝赫‧納蘇倫丁‧朱哈。」

　　哲學家找到朱哈，想為難他一番。

　　「請問朱哈先生，我有四十個問題，您能否用一句話回答完？」

　　「可以！」

　　哲學家一一提出他的四十個問題，臉上不由流露出得意的神情。

　　「朱哈先生，我的問題提完了，請您回答吧！」哲學家側著耳朵等朱哈回答。

　　朱哈揚起下巴，答得十分乾脆：「不知道！」

　　雖然朱哈回答這位哲學家的是「不知道」，但他們兩人高下已經立判。

　　老子在《道德經》第三十三章有云：「知人者智，自知者明。」意思是：了解別人是智慧，了解自己是聖明。人終究是人不是神，不可能處處勝人。勇於不如人，正是源於了解別人和了解自己。因此，勇於不如人的人，是明智（聖明＋智慧）之人。

　　總是有些人，為了一時的場面，或為了一時的盡興，明明不如人卻還要硬撐著比別人「好五倍」，明明做錯了還要厚著臉皮「就是好」，這種人不是無知就是無恥，終歸將為人們所不齒。不如人就不如人，只要我們在前進的路上就行。勇於承認不如人，才能知恥而後勇；勇於承認不如

人，更能獲得他人的尊重。

國外有兩家大型的計程車公司競爭非常激烈。為了制勝，這兩家公司的戰火燃燒到了各個角落，在廣告上雙方也痛下本錢。其中，一家計程車公司在廣告上言必稱自己是「第一大計程車公司」。另一家公司的廣告是這樣寫的：「我們位居第二，所以我們更加需要努力！」也許有人會有疑問：每一家企業的廣告都聲稱自己的產品或品質如何優秀，淨揀著好的說，為什麼這家公司要「秀」自己不如人的地方？其實，這正是他們的高超之處，他們勇於承認自己的不足，正好表明了自己的真誠與勇氣，很能夠打動消費者的心。當然，從廣告傳播學的角度來說，這個標新立異的廣告也頗值得玩味，在這裡限於篇幅與主題的限制，不再展開論述。

一位事業有成的中年學者說自己常常覺得在很多地方不如人：在家務上，不如勤勞手巧的妻子；在學習與掌握新知識上，不及很多年輕人的迅速靈敏；碰到複雜事物，又缺乏年長者的精明練達、長袖善舞；最糟的是在處理人際關係上，甚至不如一個十多歲的孩子……

這位中年學者說這些話的時候，表情很平靜。其實，從另一種角度來說，勇於不如人是睿智的自信。只有勇於不如人，才能勝於人。

▍你只要知道揚長避短就行了

要知道揚長避短就行了微風能夠隨意地吹散烏雲，小鳥可以輕盈在藍天的舞臺上跳舞。微風做到的，我不能做到；小鳥可以做到的，我也不能做到。陳奎儒和我下圍棋，估計他贏的機率很小；黑嘉嘉和我比賽 110 公尺跨欄，可能遠遠落後於我。但這些都無妨於他們在各自的舞臺上發散奪目的光輝。每一個人都有自己的優勢，各顯其能才會將壞事變好，好事更好。

第二章　完美是戕害心靈的毒

　　人之於世，各有優劣，有長處不要自傲，有短處不要自卑。八分飽的人生哲學提倡人們不必花大力氣去在自己的短處上與人或與己比較，只要學會揚長避短就行了。美國希爾頓全球酒店集團創立者、聞名遐邇的企業家康拉德‧希爾頓（Conrad Nicholson Hilton），喜歡對別人講述這麼一個故事：

　　一個窮困潦倒的希臘年輕人，到雅典一家銀行去應徵一份保全的工作，由於他除了自己名字之外什麼都不會寫，便無法應徵上保全的工作。失望之餘，他借錢渡海去了美國。許多年後，一位希臘大企業家在華爾街的豪華辦公室舉行記者招待會。會上，一位記者提出要他寫一本回憶錄，這位企業家回答：「這不可能，因為我根本不會寫字。」所有在場的記者都甚為吃驚，這位企業家接著說：「萬事有得必有失，如果我會寫字，那麼我今天仍然只是一個保全而已。」

　　清人顧嗣協曾作〈雜詩〉一首，形象而又生動地闡述了「長」與「短」的關係，我們引用如下：

> 駿馬能歷險，犁田不如牛；
> 堅車能載重，渡河不如舟。
> 舍才以避短，資高難為謀；
> 生材貴適用，勿復多苛求。

　　上面的詩用詞淺白，卻頗值得玩味。古人云：人無完人，金無足赤。又云：尺有所短，寸有所長。每個人都有長處，每個人也都有短處。但同樣是有著長處和短處的人，為什麼有的人成功了，有的人卻失敗了？原因就在於他們沒有找到施展自己長處的舞臺。

　　在強者林立的動物界，慢條斯理的河馬幾乎不懼怕任何強悍的動物。就連陸地上的百獸之王獅子以及水中兇殘之霸鱷魚都要讓河馬三分。原因何在？因為軀體笨拙的河馬頭腦卻很聰明：牠善於把陸地上的入侵者引至

水邊，然後將其拖進水裡淹死；牠又善於把水中的騷擾者拖到岸上，用腳將其踩死。牠充分利用自己的長處去攻擊對方的短處，焉有不勝之理？

一個人要想做到揚長避短，面臨的第一個困難是如何客觀地評估自己的優勢（長）與劣勢（短）。事實上，做到實事求是地看待自己的長處和短處是很困難的。人們有時甚至將長處視為短處，將短處視為長處。

筆者在這裡提供五個簡單易行的辦法，供讀者在尋找自己的長處時參考：第一，常在某一方面受到他人的誇獎，說明你在這方面比別人優秀 —— 當然指的是真誠的稱讚；第二，在某一事件上對別人的做法不屑一顧，常常會想如果是我就會怎麼怎麼樣做 —— 如果確定你不是無腦式的狂妄，則你在這方面存在一定優勢；第三，對某件事情樂此不疲，不管時間是否充裕等客觀條件，總是喜歡去做，而且存在較少挫折感 —— 說明你對它有興趣，興趣與長處在很多時候能夠契合，因為一個人在興趣上捨得花時間鑽研；第四，做起來遊刃有餘 —— 因為「善於」，所以「有餘」；第五，請親戚朋友幫自己鑑別 —— 了解自己多少有些主觀成分，了解別人會客觀一點。當然，這五個方法並非絕對可靠，在八分飽的人生哲學裡，本來就不存在「絕對」二字。如果你能將這五個方法綜合起來評估自己，離客觀的答案會更加接近。

▎小測試：你是不是完美主義者

以下一共 12 道題，如果你的回答是：「總是這樣」得 0 分，「偶爾這樣」得 1 分，「從不這樣」得 3 分。做完全部題目後將總分相加。

1. 休息時仍想著讀書或工作，以及其他還沒有解決的事？
2. 當朋友長相或打扮比你好時，你會感到不自在？
3. 希望每個人都喜歡你？

4. 當別人不贊同你提的意見時，你會感到非常不安？

5. 在一群朋友裡，你希望自己是最優秀的那一個？

6. 受到別人的批評會讓你很難過？

7. 你認為自己的能力比同學朋友都強？

8. 有危機情況的時候，你會表現得很冷靜？

9. 你很難和別人合作得親密無間？

10. 你從來不勉強自己做不願意做的事？

11. 你希望自己具備更多的才能和天賦？

12. 和好朋友吵架後絕不可能和好？

測試分析

0 ～ 11 分：你從不在乎事情是否完美。

乍一看好像心態很好，對人對事都不會那麼嚴苛：是很隨和的人，不會跟別人爭辯，不會跟別人比拚，不會對別人有太多的要求，當然也不會對自己有所要求……這樣的你，是真的無欲無求，還是消極的對抗這個世界？只有你自己心裡清楚了。

也許你對自己不是很有信心，害怕令自己和家人失望，所以才會表現得對任何事情都不會那麼在意，想一想你這個樣子是不是過於謙虛和自我壓抑了，以至於別人認為你是個沒脾氣的人，也因此經常受到別人的支配。你應該從現在起，盡量不去想自己的弱點，多往好的一面去衡量，先學會看重自己，告訴自己其實我很優秀，認真對待課業和生活，擁有自己的原則和堅持，這樣別人才會真正看重你。

12 ～ 24 分：對事情的要求不至於對你的生活帶來困擾。

跟前一類人相比，你算是有所要求的人，不過還好，你有自己的堅持卻不會太苛求自己和別人，你對人對己的要求都在合理的範圍內，雖然偶

爾讓人覺得你不是很容易對付，可是這正是一個人的個性，證明你不是一味追求做個濫好人，所以這樣的你有一點追求完美的傾向，不過並不過分。

另一方面，也可以看出你對自己頗有自信，雖然你仍然或多或少缺乏安全感，會對自己產生懷疑，也會對自己不是那麼滿意，不過這些都不是大問題，你不妨提醒自己，你在各方面並不輸給別人，你是有自己獨特的才能和優勢的，相信自己會有所成就。

25～36分：你是完美主義者，而且正在陷入苦惱中。

你的世界，好像是簡單的二元化的，非此即彼，非好即壞，你總是渴望自己是最好的，做事是最完美的，感情是最純淨的……這樣做的結果，一方面是讓你身邊的人都有點神經緊張，生怕一不小心就成了你攻擊的目標，另一方面你也讓自己活得很累，稍微不如意，就會陷入深深的沮喪和失落中。

當然，從積極的方面看，說明你對自己信心不足，明白自己的優點，同時也力求改正自己仍然存在的缺點。不過，在此提醒你一聲，如果你的得分將近36的話，別人可能會認為你很自大狂傲，甚至氣焰太盛，你不妨在別人面前謙虛一點，這樣人緣才會好，而且，相對來說你會活得輕鬆一點，告訴自己人無完人，有一些小缺陷或偶爾的小錯誤，剛好證明你是正常人而非神。

第二章　完美是戕害心靈的毒

第三章

大聲告訴自己我可以

第三章　大聲告訴自己我可以

大多數強者，可能並不是最聰明的、最有靠山與資源的、最被別人看好的人，但他們一定是最自信的人。著名的勵志大師拿破崙‧希爾（Napoleon Hill）認為：一個人的成就，絕對不會超出他的自信所達到的高度。

想想也是，好比你不相信自己能登上 8,844 公尺的高度，你一輩子也休想登上喜馬拉雅山。因為你不會為之努力，就算王石帶著裝備上門來邀請你同行，你也會毫不猶豫地拒絕。

唯有建立自信，大聲告訴自己「我可以」，方才有將世界屋脊踩在腳下的可能。

傑克‧威爾許（Jack Welch）在 45 歲就當上了美國奇異（GE）公司的董事長和執行長，他被譽為全球第一的 CEO，是當代最成功的企業家。但誰能想到，他小時候卻是一個很自卑的人，因為他有口吃的毛病。

有一天，傑克因為口吃被同學嘲笑了一番，他很沮喪，回家對媽媽說：「他們都嘲笑我，我是不是很糟糕？」媽媽當然很難過，但媽媽是一個不尋常的媽媽，她一臉歡笑地說：「哦！原來你是為這個傷心？這是因為你的嘴巴沒有辦法跟上你聰明的腦袋啊！難道你不知道你遠比其他孩子聰明嗎？」

傑克‧威爾許頓時心裡一亮，他從此不再為口吃而自卑了。威爾許在通用電氣的二十年間（2001 年退休），使 GE 的市場資本成長三十多倍，達到了 4,500 億美元，被譽為「最受尊敬的 CEO」、「全球第一 CEO」、「美國當代最成功最偉大的企業家」。有意思的是，在他取得了輝煌的成就後，全美廣播公司新聞總裁麥可甚至用無限羨慕的口吻說：「威爾許真棒，我恨不得自己也口吃！」

也許，並不是每個人都幸運地擁有一個「威爾許的媽媽」；那麼，當「媽媽」沒有適時鼓勵與安慰時，我們一定要學會自己來安慰、鼓勵自己。

▌自信是我們的心靈之花

　　有一個女孩，從小沒了父親，和母親住在一個小鎮相依為命。她們的生活過得很貧寒，小女孩從來就沒有穿過漂亮的新衣服，她的衣服都是鄰居送來的舊衣服。她的母親甚至沒有給她好好綁過頭髮，更別提給她買髮夾和其他首飾了。

　　小女孩很自卑，總是覺得自己長得難看、寒酸，走路時總是低著頭，害怕別人的眼光。她喜歡畫畫，一直希望鎮上最有聲望的畫家能教自己畫畫。看著畫家帶著那些衣著光鮮、神清氣爽的孩子外出寫生，小女孩提不起勇氣和畫家打招呼。

　　在女孩 12 歲生日那天，媽媽破天荒給了她 100 塊，允許她去買點她喜歡的東西。小女孩很興奮，一時不知道該買什麼好。最後，她緊緊握著錢，來到一家飾品店，看上了一個標價 70 元的漂亮髮夾。店員幫她夾在頭上，對她說：「看啊，妳夾上這髮夾多漂亮。」店主說完拿著鏡子讓女孩自己看，女孩從鏡子裡看到自己後，竟然驚呆了，她從來沒有發現自己是如此的美麗，她覺得這個帶花的髮夾讓她變得像天使一樣。

　　女孩不再遲疑，掏出錢買下了髮夾。她內心無比激動與沉醉，接過店員給她的 30 元零錢後轉身就往外跑，結果由於激動撞在一位胖胖的中年人的肚子上，但她沒有停留的意思，繼續往外跑。她的後面似乎傳來紳士喊她的聲音，但女孩已經顧不得這些了。一路上，她有點飄飄然的感覺，而且她沒有順著來的牆角走，而是堂堂正正的走大路。她感到街上所有人都在看她，好像都在議論：「看，那個女孩真是太美了，怎麼從來不知道鎮上有個這麼美麗的女孩。」

　　迎面走過來她一直渴望結識的畫家，奇蹟發生了，那個畫家竟然親切地和她打招呼，並問了她叫什麼名字。

女孩高興極了，她想索性把剩下的 30 塊再買點東西給自己吧，於是她又返回原來的小店。店門口，被她撞到的先生攔住了她，說道：「小朋友，我就知道妳會回來的，妳剛剛撞掉了頭上的髮夾，我一直等著妳來取。」

原來呀，走在街上的小女孩的頭上並沒有漂亮的髮夾。可是，小女孩卻因「髮夾」而神采奕奕、魅力四射。可見，比漂亮的首飾更能裝扮我們的，是自信。而自信，正是我們每個人的心靈之花。

朋友，無論你現在有多沮喪，請不要氣餒。其實，自信從來未曾離開過我們，只是被我們遺忘了。

強者一定是最有自信的人

據說當年只要是拿破崙親率軍隊作戰，同樣一支軍隊的戰鬥力便會增強一倍。原來，軍隊的戰鬥力在很大程度上仰賴士兵們對於統帥的敬仰和信心。如果統帥抱著懷疑、猶豫的態度，全軍便會混亂。拿破崙的自信與堅強，使他統率的每個軍隊增加了戰鬥力，而他統率的軍隊的確創造了馬倫哥、奧斯特利茨、耶拿等以少勝多的戰例。

不妨想像一下：拿破崙在率領軍隊越過阿爾卑斯山的時候，只是坐在那裡說：「這件事太困難了」，那拿破崙的軍隊永遠都不會越過那座高山。

有一次，一個士兵騎馬送信給拿破崙，由於馬跑的速度太快，在到達目的地之前猛跌了一跤，那匹馬就此一命嗚呼。拿破崙接到信後，立刻寫封回信交給那個士兵，吩咐士兵騎自己的馬，從速把回信送去。

那個士兵看到那匹強壯的駿馬，身上裝飾得無比華麗，便對拿破崙說：「不，將軍，我是一個平庸的士兵，實在不配騎這匹華美強壯的駿馬。」

　　拿破崙嚴肅地回答道：「世上沒有一樣東西是法蘭西士兵所不配享有的。」

　　世界上到處都有像這個法國士兵一樣的人！他們認為自己的地位太低微，別人所有的種種幸福是不屬於他們的，認為他們是不配享有的，認為他們是不能與那些偉大人物相提並論的。這種自卑自賤的觀念，往往成為不求上進、自甘墮落的主要原因。

　　如果我們去分析研究那些成就偉大事業的強者的人格特質，就可以看出這樣的特點：這些強者在開始做事之前，總是具有充分信任自己能力的堅強自信心，深信所從事之事業必能成功。這樣，在做事時他們就能付出全部的精力，破除一切艱難險阻，直到勝利。

　　拳王阿里（Muhammad Ali）是黑人，在他成名之初正是美國種族歧視非常嚴重的時候。因為膚色被大多數白人輕蔑的阿里，在每次走上拳擊擂臺前都喜歡作詩，以激勵自己，表達自己的必勝的信心。他曾經做過的並經常朗讀的詩句是：

> 最偉大的拳王，
> 二十年前便已露鋒芒。
> 我美麗得像一幅圖畫，
> 能把任何人打垮。
> ……
> 他預告哪個回合取勝，
> 就像這是必然的事情。
> 他把敵人玩弄於掌中，
> 迅如雷，疾如風。

　　阿里的自信，給予自己力量並最終獲得拳王的美譽，同時也讓許多對黑人抱有成見的白人逐漸喜歡上了他，並因此逐漸改變了白人對黑人的歧

視與仇視──當然，改變種族歧視的功勞並不能完全記在阿里身上，他只是做了很大的貢獻。現在，即便阿里已經離開拳壇很久了，但在世界各地，他依然聲名顯赫。

▋要勇敢邁出眾人的行列

　　一個叫張黔的博士在進入微軟亞洲研究院時，參加了由副總裁李開復主持的面試。面試過程中，除了回答李開復的問題以外，張黔還在合適的時機提醒李開復說：「我們還沒有談到某某方面的事情，而我覺得它對這個工作崗位很重要。」

　　她所說的那個領域也正是她自己的強項。當時，李開復對張黔能否進入新的研究領域有所疑慮，於是就進一步問張黔一些有關方面的問題。張黔舉出了兩個很有說服力的例子。結果，李開復當即決定錄用了張黔。從眾多應徵的人中脫穎而出後的張黔，由此進入了微軟亞洲研究院這個寬廣的舞臺，並成為其中非常出色的博士，曾被 MIT 的《科技評論》評為「世界百名青年創新學者」之一。

　　如何去識別有能力、有潛力、能委以重任的人？對此，美國的一位金融家史蒂芬曾經指出：「假定這裡有一萬名士兵，均呈『一』字形站在他們的司令官面前，司令官對待他們一視同仁，一起訓導和培育。然而，更能引起司令官注意的是某些能夠大膽走出行列的人，也許這些人會成為他今後選拔、提升的對象。」

　　史蒂芬還說，「我十分注重發現能從銀行職員隊伍中向前邁出的人，只要他們能主動地將自己的能力和勇敢的精神結合起來，做一些不是在我指揮之下而又能獲得成功的事，我就會提升他們。」

　　勇於大膽邁出隊列，也是怯懦者應該學習的地方。但如何邁出眾人的

行列呢？如果你有一門很獨特的強項，不妨大力在這上面做文章。當然，你的強項應該是對方所需要的或有可能需要的。突出自己的優勢強項你才能與眾不同。

眾所周知，在選秀中成名的張靚穎，唱功與音質是她的強項，這也是許多粉絲鍾情於她的最重要的原因。所以，在很多演唱會現場，張靚穎會秀一秀自己的清唱本領。尤其是那傳說中的「海豚音」，更是讓她獲得陣陣掌聲。

如果你正為自己在工作中缺少表演的機會而鬱悶，或者因為總是扮演一些無足輕重的小角色而心有不甘的話，請你想法找一找自己有哪些強項？快找出來，運用到你的工作中去。如果你對自己還沒有一個準確的把握，不妨先問自己兩個問題：從小到大我做什麼事情是最出色的？我的事業發展在今後最需要哪些能力？從這兩個問題出發，去培養自己的強項。只有把自己做強後，才可能把自己做大。

當那些與你類似的怯懦者還在遲疑、退縮的時候，你應該信心十足地說：「我可以表達自己的想法嗎？」、「讓我來試一試吧！」、「我相信我能做好！」如果對自己的能力還沒有信心，那就建議你什麼都別說，去埋頭苦練吧。

值得注意的是，你要小心不要將「邁出」變成「賣弄」。「邁出」的應該是結實的步伐，「賣弄」的則是虛浮的架子。很多草根之所以能在短期內從草根提升為「名人」，其原因就在於他能夠吸引別人注意。

更重要的是，他每時每刻都在思索，再小的事情也考慮如何做到盡善盡美；他們從不張揚地誇耀自己，只是努力尋找自己能幫得上忙的事情去做 —— 不管是分內還是分外。這樣類型的人往往會得到社會的青睞和提拔。

▌做人不要妄自菲薄

　　妄自菲薄一詞出自諸葛亮的〈前出師表〉：「誠宜開張聖聽，以光先帝遺德，恢弘志士之氣，不宜妄自菲薄，引喻失義，以塞忠諫之路也。」人們形容一個人太過看輕自己時，就會說他「妄自菲薄」。

　　雖然我們強調做人應該謙遜謹慎，可是這不代表我們要毫無根據地看輕自己。謙遜謹慎的前提是了解自己的才能，知道自己的能力能在何種情況下發揮，而不是把自己的才華一概抹殺，自卑地看不起自己。如果是這樣，不等別人看輕你，你就已經把自己給放棄了。

　　一個久不被重用的人，借公司集體到西湖春遊之機，慕名拜訪了清蓮寺高僧普濟。他對普濟說：「我是一個頂尖大學的學生，已在公司兢兢業業做了十年，比我學歷低、年齡小、進公司晚的人都得到了提拔重用，可我還是個辦公室的一般文書處理人員，實在不明白這是為什麼。請高僧指點迷津。」

　　普濟聽了他的話，雙手合十，問道：「你在工作上對自己如何定位？」

　　「我父親為官幾十年，有豐富的人生經驗。他告訴我，入仕不能太露鋒芒，出頭的椽子先爛。我認為很有道理。」他說。

　　普濟站起身對他說：「請隨我到對面的景點看看吧。」普濟領著他走出寺院，在湖邊的一排快艇、大遊船、小木舟中找到寺廟的快艇，然後發動小油門慢慢前行。

　　與他們同時起航的一艘快艇加大馬力，似流星劃過天空，在碧綠的湖面犁出一道白線；晚於他們起航的大遊船「澎澎」歡叫著推浪前行，也很快甩掉了他們；就連隨後而行的雙人小扁舟也走在了他們的前面……

　　一艘快艇風馳電掣般迎面駛了過來。艇主見普濟的快艇一直走得很

慢，便在他們旁邊大聲問：「和尚，跑得這麼慢是不是沒油了？我有。」普濟合掌回答道：「多謝，老衲是怕跑得快了有危險。」

一艘大遊船迎面踏浪駛回來了。船主看著普濟慢慢爬行的快艇高聲喊道：「和尚，你的快艇笨得像蝸牛，該淘汰了。」普濟只是微微一笑，點一點頭。

一隻雙人舟迎面駛回來了。舟主對普濟說：「和尚，你的快艇連個小木舟都不如，養它做什麼，報廢了吧。」普濟還是一笑，沒有吭聲，他回頭看看那個青年，說：「我們返回吧。」

普濟調轉艇頭，加大油門，快艇電掣般向前飛馳，不一會就回到了清蓮寺。普濟走下快艇笑著問青年：「你說我的快艇究竟如何？」

「當然很好了。剛才他們是因為不知你沒加足馬力才說你的快艇不好的。」青年說。

「是啊，其實人又何嘗不是如此呢。你學歷再高，再有才華，但你不顯露，別人不知曉，怎麼能看重你呢？即使你的能量有人知曉，但見你畏畏縮縮，寧願空耗生命也不敢開拓前進，人家又怎會承認、重用你呢？你又怎能快速到達理想的彼岸呢？在人才競爭激烈的今天更是如此啊！」

那個青年聽了普濟的話，頓然醒悟。

一個人的優勢和才華是怎樣的，應該說最清楚的人就是自己，可是人們往往因為膽怯而把種種天賦給浪費掉了。如果想贏得別人的關注和尊重，只是謙遜謹慎是不夠的。你不能看輕自己，因為只有自己重視自己了，別人才可能尊重你，否則，連你自己都看不起自己，別人又為什麼要看得起你呢？

▌學會自己欣賞自己

有天下午，周女士正在彈鋼琴，7歲的兒子走了進來。他聽了一會說：「媽，妳彈得不怎麼動聽！」

不錯，是不怎麼動聽，甚至任何認真學琴的人聽到她的演奏都會退避三舍，不過周女士並不在乎。多年來周女士一直就這樣不動聽地彈著，並自我陶醉、自得其樂。

周女士也曾熱衷於不動聽的歌唱和不耐看的繪畫，從前還自得其樂於彆扭的縫紉。周女士在這些方面的能力不強，但她不以為恥，她覺得自己做到這個樣子就已經很不錯了。

一個人是否能實現自我，並不在於他比別人優秀多少，而在於他在精神上能否得到幸福和滿足。只要你能夠得到他人所沒有的幸福，那麼即使表現得不出眾也沒有什麼。在這方面，許多人都應向周豔學習。

美國作家愛默生曾說過：「自信是成功的第一祕訣。」又說：「自信是英雄主義的本質。」人們常常把自信比作發揮主觀能動性的閘門、啟動聰明才智的馬達，這是很形象的比喻。確立自信心，就要正確地評價自己，發現自己的長處，學會欣賞自己。

瑪麗是一個從小就患腦性麻痺的女孩。她的形象差強人意，沒有平衡感，缺乏發聲能力，基本不會說話。而且，由於長期受疾病困擾，舉止欠美觀，不得體。她有時會揮舞著她的雙手；有時揚著頭，脖子伸得好長好長，與她尖尖的下巴連成一條直線……

這樣的女孩，在別人的眼中一定很自卑。但誰能想得到在這種情況下，她依然保持著一顆自信的心，時常自我暗示，告訴自己一點都不比別人差，自己也是最優秀的。經過努力，她後來獲得了美國加州藝術系博士學位。

有一次，一位學生小聲問她：「請問瑪麗博士，妳從小就長成這個樣

子，妳怎麼看自己？妳沒有埋怨過嗎？」

聽後，瑪麗用粉筆在黑板上輕快地寫下了這樣幾個字：我怎麼看自己。然後停下來，歪著頭，回頭看了看那位發問的同學，然後輕輕一笑，又回過頭來，在黑板上龍飛鳳舞的寫下了以下內容：

◆ 我好可愛！
◆ 我的腿長得很美。
◆ 爸爸媽媽這麼愛我。
◆ 我會畫畫，會寫稿。
◆ 我有隻可愛的小貓。
◆ 上帝這麼愛我。
◆ 還有……

教室裡立刻一片寂靜，空氣彷彿凝結了一般，再沒有人講話。她堅定地看著大家，最後在黑板上寫下了她的結論：我很優秀，我欣賞我自己。

掌聲立刻響起，瑪麗則傾斜身子站在講臺上，滿足地微笑著，她臉上呈現出永遠不會被命運擊敗的自信！

學會欣賞自己，是生存技巧和智慧。學會欣賞自己，那麼你就會渾身散發出自信的魅力。欣賞自己並不是孤芳自賞，也不是盲目樂觀，更不是妄自尊大。因為即便是一棵小草，也要用滿懷的綠意妝點整個春天；即便是一滴小水珠，也要反射太陽的光芒。不是每一個人都能取得巨大的成就，但我們同樣要學會欣賞自己，一點一點地累積，一點一點地進步，最終也會開出美麗的花來。

學會欣賞自己是心理暗示。欣賞自己你就會高昂起頭，精神煥發地迎接一切挑戰。相反就會缺乏自信、失去鬥志，面對困難不戰而敗。記得有一位老師曾說過這樣的話：「我們把自己想像成什麼樣，就真的會成為什

麼樣子。」如果你認為「我很棒」，那麼你將成為一個出色的人，無論做哪一行都將會有所建樹；如果你覺得「我很差」，那麼你將永遠做一個小角色，在人生的舞臺上跑跑龍套而已。

學會欣賞自己，即便處於人生的低谷，也不會輕易失去信心，而是始終相信漫長的黑夜終將過去，黎明的曙光即將照耀著你；學會欣賞自己，即便無人喝彩，也能為自己鼓勁加油，在人生的舞臺上優雅地謝幕；學會欣賞自己，即使陷入困境也不會輕易哭泣，總能為自己找到一個解決的辦法，最終走出泥濘，雲開日出；學會欣賞自己，才能在一個人獨自療傷的時候，為自己找到一絲安慰，為自己增添一份勇氣，然後抖落滿身的征塵，輕裝走在坎坷的人生路上。

▋戰勝交流中的羞怯心理

性格自卑的人往往懷有羞怯的心理，害怕與人打交道。在陌生人或大眾面前，他們會心跳加速，害羞臉紅，變得扭扭捏捏，嚴重的人，在說話的時候還結結巴巴。

最近，喬小姐陷入極度羞怯的自卑中，她越來越覺得自己害怕與人交流了。當她和朋友或同事聊天時，她的手心就慢慢滲出冷汗，有時出了冷汗自己都覺察不到。後來，她無論面對什麼人、什麼事，都會擔心會不會出冷汗，這樣想著，她就更害怕和別人交談了。喬小姐變得越來越沒自信，總是擔心別人會用奇怪的目光盯著自己。

因為她經常出冷汗，朋友們常常會取笑她，問她做了什麼虧心事。這令喬小姐很尷尬，很難受，但又不知該如何跟別人解釋。現在，雖然她每天都生活在平靜之中，但她一點也不覺得輕鬆。她覺得自己很痛苦，有時竟恨不得把自己藏起來，可她的工作性質又決定了她必須和別人接觸。

「出冷汗」這個詞已經在她的腦海裡潛移默化了，喬小姐在與人交流，尤其與陌生的異性交流時，那三個字就會冒出來，時刻提醒著她，使她疲憊不堪。時間長了，她的自卑性格就嚴重了，變得很內向。

羞怯的人在主動交新朋友時會感到很困難，雖然他們的確很想交朋友，但卻有著很多的顧慮：擔心自己的口才不好，害怕給別人留下不好的印象。這種自卑的羞怯心理，導致他們閉關自守，與人隔絕，孤陋寡聞。

社會心理學家泰姆巴舍教授認為：羞怯的根本原因是對自己缺乏足夠的自信，他們自卑，不想冒風險。羞怯者常常擔心自己被別人否定，思考多於行動。對他們來說，自己的一舉一動都是一幕演出，別人正時刻不眨眼地對其所作所為提出批評。他們總把別人當作自己言行的「裁判」，在和別人交談時自然會有很大的壓力。

可見，性格自卑的羞怯者常常被他人和環境所支配，從而在交流中變得很被動。這些人在事業和愛情上容易遭受失敗，因為自卑的人對待自己的工作和交流行為不是考慮如何成功，而是考慮會不會失敗，這樣的想法會讓他們更加容易失敗。

那麼該怎樣克服羞怯，讓自己不再自卑呢？下面是我們介紹的幾種有效方法，你不妨試一試，希望能幫助你戰勝羞怯。

* **在內心肯定自己**：不要否定自己，相反，應多去想想如何更好地和對方交流，以及如何建立自己的自信心。

* **轉換話題**：在與他人交流時，如果遇到令你感到難以啟齒，或產生心理緊張、臉紅、出冷汗的事情，可以迅速轉換話題使氣氛得到緩和。

* **尋找榜樣**：經常注意觀察和模仿那些泰然自若、善於交際、活潑開朗的人的言談舉止風度，對照自己的弱點加以克服，並根據自己的氣質培養出自己的風格。

◆ **轉移注意力**：減少對自身言行的關注。自我意識的產生是由於你把注意力過分注意到自己身上，這會使你產生不適的感覺。有意識地把注意力轉移到外面的人或事上，就會使這種苦惱消失，讓你更多地了解周圍的人和事。

◆ **讓自己放鬆**：當感到緊張、心跳加快時，你可以轉換一下視線，變換一下姿勢，說兩句寒暄的話去克服心理上的緊張，緩解內心的壓力。

▍改變自卑性格的幾種方法

　　古往今來，多少人因為自卑的性格而苦惱，又有多少人為尋找改變自卑的方法而苦苦尋覓。下面這些方法頗具操作性，有助於幫助自卑者建立自信。

用補償心理超越自卑

　　補償心理是心理的適應機制，個體在適應社會的過程中總有一些偏差，需要得到補償。從心理學上看，這種補償其實就是一種「移位」，即為克服自己生理上的缺陷或性格上的自卑，而去發展自己其他方面的長處、優勢。

　　正是這種心理補償將自卑化為了許多成功人士成功的動力，成了他們超越自我的「渦輪增壓」。有「生理缺陷」的人自卑感會很強烈，其尋求補償的願望愈大，成就大業的本錢就愈多。

　　解放黑奴的美國總統林肯，出身貧窮，相貌平平。在成功前，他的口才並不好，言談舉止缺乏風度，十分自卑。為了補償這些缺陷，他開始尋找補償缺陷的方法，於是他拚命自學，以豐富自己的知識和視野。

　　林肯在燭光、燈光下發奮讀書，儘管眼睛很疲勞，但知識的營養卻對他

自身的缺陷作了全面補償。他最終戰勝自卑，成為有傑出貢獻的美國總統。

貝多芬有聽覺缺陷，他也因此而自卑過，但為了彌補這一身體缺陷，他決定在音樂方面證明自己。他克服困難寫出了著名的《第九交響曲》，他戰勝自卑和身體缺陷的故事，為很多性格自卑的人指明了方向。

在補償心理的作用下，自卑感給人前進的動力。由於自卑，人們會清楚甚至過分地意識到自己的不足，這就促使其努力學習別人的長處，彌補自己的不足，從而使其性格受到磨礪，讓他們不再自卑，而且越來越堅強。

心理補償是一種使人轉敗為勝的方法，如果運用得當，你將會在成功的道路上大展宏圖。但應注意兩點：一是不可好高騖遠，追求不可能實現的補償目標；二是不要受賭氣情緒的驅使。只有積極的心理補償，才能把自卑化作成功的動力。

用樂觀態度面對失敗

通往成功的道路並不平坦，充滿了坎坷與艱辛，失敗和磨難隨時都有可能發生。很多時候，成功是由無數次失敗構成的，正如美國奇異公司創始人摩根所說，「通向成功的路，即是把你失敗的次數增加一倍」。但另一方面，失敗對人是一種「負性刺激」，它總會使人的性格變得自卑……那麼，我們應如何面對呢？

面對挫折和失敗，唯有樂觀積極的心態才是打開成功大門的鑰匙。要讓自己樂觀，不再自卑，首先就應該做到堅韌不拔，不因挫折而放棄追求；其次，注意調整、降低原先脫離實際的目標，及時改變策略；再次，用「局部成功」來激勵自己；最後，採用自我心理調適法，提高心理承受能力。

第三章　大聲告訴自己我可以

在如今的社會中，你要做一個樂觀自信的人，不要讓自卑的性格阻礙你。世界充滿了成功的機遇，也時刻面臨著失敗，所以，要不斷提高自我應付挫折與干擾的能力，調整自己，用樂觀的態度面對。如果遭遇了失敗，就應該把失敗當作成功的前奏，化消極為積極，變自卑為自信。

用實際行動建立自信

追求成功，戰勝自卑性格，不能紙上談兵，而應該付諸實踐，立刻行動，把信心建立起來。建立自信最快、最有效的方法就是去做自己不敢做的事情，直到獲得成功。具體方法如下：

（1）坐在最前面的位置上

不管是在講堂還是聚會中，後面的座位總是先被人占據，大部分占據後排座位的人，都有些自卑，他們怕受人注目，對自己沒有足夠的信心。而坐在前面的人卻十分自信，因為他們有勇氣，勇於在眾目睽睽下展現自己。

如果你坐在最前面了，並將這種行為變成習慣，自卑也會在潛移默化中化為自信。另外，坐在顯眼的位置，會加深上司及老師對你的印象，增加反覆出現的頻率，產生強化自己的作用。把這當作一個規則試試看，從現在開始就盡量往前坐。雖然坐前面會比較顯眼，但要記住，這樣做你會越來越自信，從而讓自己不再自卑。

（2）睜大雙眼，勇敢正視對方

眼睛被稱為心靈的窗口。一個人的眼神可以折射出他的性格，透露出他的內心想法，傳遞出微妙的訊息。如果不敢正視別人，就意味著你有自卑的性格；如果你躲避別人的眼神，則說明你心裡有祕密。而正視別人就彷彿在告訴對方：「我是誠實的，光明正大的。我是自信的，也是有實力的。」因此，正視別人，是積極心態的反映，是自信的象徵，更是性格的展示。

(3) 昂首挺胸，快步往前走

一項調查研究發現，人們行走的姿勢、步伐與其性格有一定關係。懶散的姿勢、緩慢的步伐是性格自卑的表現，是對自己、對工作以及對別人不愉快的反映。倘若仔細觀察就會發現，身體的動作是性格活動的結果。那些性格自卑、怯懦的人，走路的時候喜歡低著頭，腳步也很慢。反過來，改變行走的姿勢與速度，將有助於你性格的改變。

一個信心十足的人，走起路來應比一般人快，他們不想把時間浪費在走路上。當你昂首挺胸，快步往前走的時候，你就彷彿告訴整個世界：「我要到一個重要的地方去，去做很重要的事情。」步伐輕快敏捷，身姿昂首挺胸，會給你帶來信心和勇氣，會使自卑遠離你，從而讓你獲得新生。

(4) 在眾人面前大膽發言

在眾人面前大膽發言需要巨大的勇氣和膽量，這是戰勝自卑的有效途徑。在生活中有很多思路敏銳、才華橫溢的人，然而他們卻無法發揮自己的長處，不敢在大家面前表現自己。原因並不是他們不想參與，而是他們自卑的性格。

在眾人面前，自卑的人總會想：「我的意見可能沒有價值，如果說出來，別人可能會覺得可笑，我最好什麼也別說，而且，其他人可能都比我強，我不想讓他們知道我是這麼無知。」這些人還會尋找藉口說：「等下一次再發言。」可是，他們很清楚自己是無法實現這個諾言的，每次都成為聽眾，這樣下去，他們會越來越自卑。

如果你在眾人面前大膽發言，就會增加信心。不論是參加什麼性質的會議，每次都要主動發言，大膽發言。有許多原本自卑的人，都是透過練習當眾講話而變得自信起來的，如蕭伯納、田中角榮、狄摩西尼等。因此，在眾人面前大膽發言讓你戰勝自卑。

（5）用微笑戰勝自卑。

大部分人都知道笑能給人自信，它是戰勝自卑的良藥。但是仍有許多人不相信這個觀點，因為在他們恐懼時，從不試著笑一下，總是活在自己悲觀的世界裡。

事實上，微笑不但能戰勝自卑，還能馬上化解敵對情緒。向別人展示一個真誠的微笑，對方就會對你產生好感，這種好感足以使你充滿自信。

▌小測試：你是自信的人嗎

測試題目

1. 你覺得自己很出色嗎？
　　A. 當然。
　　B. 不知道。
　　C. 找不到自己出色的地方。

2. 出席重要會議時，突然很想上洗手間，你也會忍到會議結束再去嗎？
　　A. 一定會等到會議結束才去。
　　B. 感覺憋不住了，中途還是會去。
　　C. 只要想上了馬上就去。

3. 你會放棄自己的想法和原則去附和他人嗎？
　　A. 不會的。
　　B. 很少，要看對方的職位。
　　C. 經常。

4. 自己下定決心做一件事情，但其他人都反對，你會繼續做下去嗎？

   A. 一定堅持自己的決定。

   B. 猶豫不決。

   C. 會考慮放棄。

5. 你會覺得周圍的人比你強嗎？

   A. 不會。

   B. 很難回答。

   C. 常常不如別人。

6. 你是個懂得潮流時尚的人嗎？

   A. 很精通。

   B. 會模仿別人的搭配。

   C. 完全沒有這方面的知識，也不想了解。

7. 你準備參加聚會，提前不知道著裝要求，別人都穿正裝，只有你穿著
   隨便，你會尷尬嗎？

   A. 不會。

   B. 會感到尷尬，但不表現出來。

   C. 會很不自在，找個理由回家換衣服。

8. 和家人商量事情時，你會說出你的真實意見，而不怕得罪親人嗎？

   A. 不輕易發表意見。

   B. 適當發表意見。

   C. 認為自己是對的就可以了，不發表出來。

9. 剛認識的新鄰居，對你家大加讚賞，你會懷疑嗎？

　　A. 不懷疑，認為他們說得對。

　　B. 有時候懷疑。

　　C. 很懷疑，認為對方只是在客套。

10. 在做同一件事情的時候，你會經常刻意跟別人比較，然後覺得自己不如別人嗎？

　　A. 從未那樣想過。

　　B. 會覺得自己某方面不如別人。

　　C. 不敢拿自己跟別人比。

11. 你覺得自己的身材和長相怎麼樣？

　　A. 很滿意。

　　B. 有不滿意的地方，但只是局部。

　　C. 怎麼看都不滿意，想整型。

12. 去一家餐廳用餐，發現服務生的態度無法讓你滿意，你會？

　　A. 去找店經理理論。

　　B. 回頭寫意見信反映情況。

　　C. 忍著，不理會。

13. 同事隨口批評你工作上的問題，你會感覺不舒服嗎？

　　A. 很難過，且記恨在心。

　　B. 當時會難過，很快就忘記。

　　C. 絲毫不感到難過。

14. 自己開車突然遭遇交通事故，你會？

    A. 很冷靜。

    B. 難以預料。

    C. 很難保持冷靜。

15. 有人說過你有魅力嗎？

    A. 經常有人這樣說。

    B. 不確定。

    C. 沒有人說過，而且自己也不認為自己有魅力。

16. 你會在公共場合適當幽默，讓大家笑開懷嗎？

    A. 隨時都有幽默細胞。

    B. 放鬆的時候，偶爾會幽默一下。

    C. 不理解幽默有何意義。

17. 你的工作和你的興趣專長一致嗎？

    A. 一致。

    B. 工作中某些時候能發揮我的專長。

    C. 不一致。

18. 你是否常常欣賞自己的照片？

    A. 時常拿出去給別人看。

    B. 偶爾自己在家看。

    C. 不喜歡拍照，沒有喜歡的照片。

19. 周圍的人都非常喜歡你嗎？

    A. 大家非常喜歡自己。

    B. 個別人喜歡自己。

    C. 都不喜歡自己。

20. 你想和別人一起共同完成工作嗎？

    A. 非常喜歡。

    B. 願意合作，但是也會遇到麻煩。

    C. 不喜歡。

21. 你認為你和周圍的普通人沒有區別嗎？

    A. 很多跡象顯示我不尋常。

    B. 說不清楚。

    C. 我跟普通人無異。

22. 你對自己長相不滿，夢想長成某個明星的樣子嗎？

    A. 沒有此類想法。

    B. 有時候會有這種想法。

    C. 非常希望自己長得像其他人。

23. 對自己朋友或同事取得的成就，你感到羨慕不已嗎？

    A. 從不。

    B. 偶爾。

    C. 總是。

24. 你透過什麼方式購買成人用品？

    A. 去商店自己看著買。

    B. 有時候網購，有時候去商店買。

    C. 全部網購。

25. 你會為了讓別人喜歡你，而按照別人的審美打扮自己嗎？

    A. 不會，按照自己的喜好。

    B. 會，但不經常。

    C. 經常會。

26. 你會強迫自己做非常不喜歡做的事情嗎？

    A. 通常不會。

    B. 有時候被迫還是會。

    C. 勉強自己做事情已經成為了習慣。

27. 你能容忍外人對你的生活指手畫腳嗎？

    A. 自己支配生活。

    B. 還是要聽從親人的支配。

    C. 沒有方向，總是聽從他人的支配。

28. 你認為你的優勢遠遠超過你的劣勢嗎？

    A. 是的。

    B. 兩方面旗鼓相當。

    C. 需要改進的缺點要多一點，或者根本沒有優點。

29. 你經常跟人說抱歉嗎？即使在不是你錯的情況下。

    A. 我不會說抱歉的。

    B. 看情況，有時候會。

    C. 經常會。

30. 你不小心說錯一句話，讓身邊某位朋友感到傷心，但是你不是故意的，你會覺得難過嗎？

    A. 不難過。

    B. 有點愧疚，但是良心上過得去。

    C. 很難過。

31. 你夢想過自己擁有超能力嗎？

    A. 沒想過。

    B. 說不清楚。

    C. 很希望有特殊的才能和天賦。

32. 做決定前，你喜歡聽聽朋友的意見嗎？

    A. 自己無法決定的時候會。

    B. 希望聽取正向的。

    C. 很希望得到別人的意見。

33. 在路上偶遇熟人，你經常等別人跟你打招呼嗎？

    A. 不是，我主動跟別人打招呼。

    B. 不一定。

    C. 是，我總等別人跟我打招呼。

34. 你喜歡在櫥窗玻璃中或其他可以反射物體中打量自己的相貌嗎？

    A. 隨時都喜歡。

    B. 不確定。

    C. 沒有這個習慣。

35. 有人說你爭強好勝嗎？

    A. 經常有人這樣說。

    B. 自己也不清楚。

    C. 不是，沒有人這樣說我。

36. 如果讓你當經理，你認為自己能勝任嗎？

    A. 是的。

    B. 不清楚。

    C. 不能，所以我當不了經理。

37. 你擁有過目不忘的本領嗎？

    A. 是的，我可以。

    B. 一般。

    C. 從來沒有。

38. 你周圍的異性朋友多嗎？

    A. 是，身邊異性朋友多於同性朋友。

    B. 不清楚。

    C. 沒有，自己不吸引異性。

39. 你會管理自己的財務嗎？

    A. 很會理財。

    B. 沒有，但還能收支平衡。

    C. 完全沒有。

40. 和伴侶外出用餐，你會不會徵求對方的意見？

    A. 不會。

    B. 會問問對方的想法。

    C. 總是順從對方的意見。

答案測評

上述各題選 A 得 1 分，選 B 得 2 分，選 C 得 3 分，將結果分值相加。

40 ～ 60 分：證明你是個十足自信的人。但在別人眼裡你很驕傲自大，有點狂妄，根本沒把別人放在眼裡。

61 ～ 80 分：你既有一定的自信，也懂得謙虛的美德，對於自己的優點確實看得很清楚，明白怎樣取長補短。

81 ～ 100 分：你有一點自信，但你的性格顯得很自卑，會讓你覺得某些方面你不如別人，產生懷疑自己的態度。

101 ～ 120 分：你對自己十分沒信心，你的性格過於自卑。你過於壓制自己的想法，處處覺得不如別人，所以總受人支配。

自卑和自信是同時存在於每個人身上的，就好比白天和黑夜、硬幣的正反面。成功者需要透過自信來促進人性中積極進取的一面，以此獲得勇氣去面對並征服複雜的外部世界。透過以上 40 題的測試結果可以看出：自信是對自我高度肯定的態度，自卑則是不相信自己。前者因為肯定而積極面對問題，後者則因為恐懼挫折而逃避問題。當我們追求成功時，需要戰勝自卑，戰勝自我，這種勇氣就源於自信。

第四章

替衝動的野馬套上韁繩

第四章　替衝動的野馬套上韁繩

在很多令我們悔恨的往事當中，我們都不難找到衝動的影子。因為衝動，有人錯上賊船；因為衝動，有人痛失所愛；因為衝動，有人鋌而走險……家庭的不幸、工作的不順、人緣的不佳等等問題，不少都源於衝動行事所種下的惡果。衝動的時間通常只有區區幾秒鐘，但其造成的後果常常能夠讓我們後悔一輩子。

有道是「血壓上升、智商下降」。無數個令人扼腕嘆息的悲劇一再向我們詮釋了這句話裡的真知灼見。包括我們在自己的經歷中，對此也多少有些親身體會。生而為人，人人內心都有按照自己意志出牌、滿足自我的欲望。但「自由來自自制，自制方能制人」，如何給衝動的野馬套上韁繩，是我們應該思考的一個話題。

1965 年 9 月 7 日，世界撞球冠軍爭奪賽在紐約舉行。路易斯·福克思（Louis Fox）的得分遙遙領先，只要再得幾分就能穩拿冠軍。就在這時他發現一隻蒼蠅落在主球上，他揮揮手將其趕走了。可是他俯身擊球時蒼蠅又飛回來了，他起身驅趕，但蒼蠅好像在跟他作對，他一轉身，蒼蠅就落在主球上，周圍的觀眾發現了這個現象，開始哈哈大笑。

他的情緒惡劣到了極點，終於失去了理智，憤怒地用球桿去擊打蒼蠅，結果碰到了主球，裁判判他擊到了球，於是他失去了一輪機會。路易斯因此方寸大亂，連連失利，而對手約翰迪瑞則越戰越勇，最後獲得了冠軍。

第二天人們發現了路易斯的屍體，他投河自殺了。一隻小小的蒼蠅，竟然打垮了大名鼎鼎的世界冠軍。

▌不當魔鬼的代言人

人與人之間發生口角、吵架本是小事，但有些人卻因衝動將小事升級，嚴重到犯下殺人罪和故意傷害罪，這就是典型的衝動犯罪案例。

一個身邊熟悉的人為什麼突然變得異常陌生，為一些雞毛蒜皮的小事、一句不起眼的話、一個不經意的動作，瞬間變成了殺人犯？

法蘭西斯‧培根（Francis Bacon）曾經說：「衝動就像地雷，碰到任何東西都一起毀滅。」衝動的人是在和魔鬼做一筆非常不划算的交易。在交易前，魔鬼告訴人：如果你購買了「衝動」，你就可以做你想做的任何事情，你可以透過衝動，使自己的情緒得到痛快淋漓的發洩。人聽到這裡，頓時呼吸急促、血壓升高，迫不及待地簽下契約。衝動過後，魔鬼會再次找上門來 —— 它絕不會爽約。它會高舉著契約，契約上面寫滿了人購買「衝動」所必須支付的成本。這個成本的清單很長，我們擇重要的條款羅列如下：

◆ **不利於身心健康**：生理學家認為 —— 人的心與人的身組成了生命的整體，兩者之間又是相互調節與被調節，作用與被作用的關係。心情也就是情緒，情緒的好壞會影響到身體的健康。心理學認為，對人不信任、心胸狹隘、情緒急躁、愛發脾氣，對人的身心健康危害極大。人在衝動、發怒時，會引起精神心理的過度緊張，造成心臟、胃腸以及內分泌系統功能的失常，時間長了，必然要引起多種疾病，對身心健康大為不利。我們在各種影片中，經常看到這樣的鏡頭，某某主角因受意外刺激，心臟病發作，當場暈倒，立即被人送到醫院急救。我們日常生活中也有一些人，由於好衝動、易發怒，最後導致神經衰弱，吃不好飯、睡不好覺，危害了身體健康。

◆ **無法形成良好的人際關係**：性格衝動的人往往脾氣比較暴躁，與其他人交流容易產生矛盾。而引起矛盾的誘因多數是因為一些小事，話不投機半句多，輕者發生爭吵，重者拳頭相向。在一個團體裡面，你必須和周圍的人進行接觸，如果你因為衝動和別人鬧得不愉快，勢必影響團體的團結。大家在一個空間裡生活，都希望有一個和睦相處的氛圍，更希望得到周圍人的尊重和理解。而性格衝動的人往往認為以聲壓人，以拳服人，就能建立自己的威望。其實剛好相反，如果你性格很衝動，動不動就跟周圍的人過不去，別人自然會厭煩你，對你敬而遠之，長此以往，不僅得不到周圍人的尊敬和理解，還會失去真正的朋友和友誼，以致感到孤獨和寂寞。無論是在公司還是在一個團隊裡，只有加強性格修養，才能得到別人的尊重和理解，才能建立良好的人際關係。

◆ **難以讓自己獲得進步**：我們長期生活在一個公司或一個團隊裡，都想在這個團體裡獲得進步，有的想取得良好的業績，有的想當部門經理，有的還想當總裁，這些想法都是好的。但如果我們性格衝動，對個人的成長進步就很不利。

一方面，衝動者個人容易受挫折。有的人平時工作、表現都不錯，就是愛衝動，他們脾氣比較暴躁，經常和周圍的人爭吵，甚至打架……這樣的人輕者被責備，重者受處分，受了處分，個人的成長進步自然受到影響，即使不到受處分的程度，經常被責備，也會影響到自己的工作情緒。

另一方面，性格衝動的人很難得到上司的認可。每個公司和團隊裡都有嚴格的紀律，這樣就存在管理和被管理的問題，而管與被管本身就是矛盾。性格衝動的人往往處理不好這對矛盾，受到責備時會變得更

衝動，喜歡和上司頂嘴，偶而為之還能獲得上司的諒解，但次數多了就會引起上司的反感，對升遷造成影響，所以一定要克制衝動。

* **很容易走向犯罪的道路**：在所有導致嚴重後果的衝動中，對社會、對自己危害最大的莫如「衝動殺人」。在 Google 中以「衝動殺人」為關鍵字搜尋文章，有數百萬條搜尋結果。有因為情人要求分手而動手的，有因為雇員受到侮辱而操刀的，有因為言辭衝突而揮鐵棍的。這樣的例子真是數不勝數。一位資深警官在談及衝動殺人時說：「幾乎有三分之二的命案都是　衝動犯罪，比如殺害家人、酒後殺人、情殺、想教訓一下對方結果失手殺人，這些犯罪一般沒有預謀過程，行為人只是在強烈而短暫的衝動推動下心理失衡，而實施暴發性、衝動性犯罪。」

痛苦的事實與血淋淋的教訓，一再告誡我們：一定要改變性格衝動這個弱點，否則就會成為魔鬼的代言人。

用理智幫衝動降溫

何謂不理智的人，其實就是不能控制自己的人。在生活中難免會有不愉快的事情發生：在公車上有人不小心踩在你乾淨的皮鞋上；走在大街上有人騎車將你撞倒在地⋯⋯或許他們並不是有意的，但事情發生後別人並沒有向你道歉，更有甚者會反咬一口⋯⋯這時，不理智的人就會衝動。尤其是青年人血氣方剛，容易感情用事，不計後果。

雖然衝動的爆發和一個人的性格特徵、神經類型有一定關係，但衝動多數表現在意志力薄弱、缺乏文化修養的人身上，這樣的人很難控制自己的行為。只有那些意志堅強、對自己行為表現具有社會責任感的人，才能

第四章　替衝動的野馬套上韁繩

用理智的力量去抑制衝動，才能不做情緒的奴隸。

一天上午，某部炮連戰士小張正在站崗值勤。一個青年執意要進營門，說找連隊幹部有事。當時連隊在後山帶戰術訓練，小張不同意那個青年進去，那個青年張嘴就說：「你這個當小兵的拿錢不多，管事倒不少。」

性格衝動的小張一聽這話，火氣一下衝到頭頂。他把槍放下，脫了軍裝，叫著要與那個青年單挑。幸好這時輔導長路過，才避免了一場即將爆發的衝突。在我們的生活中，像小張這樣遇事愛衝動的並非個別。

這主要是因為年輕人血氣方剛，容易感情用事，自制力較弱，所以不少人在發生矛盾時，容易像小張那樣出現不理智的情況。化解衝動需要理智，衝動來也匆匆，去也匆匆，只有掌握情緒，才不會做出傻事來。

讓自己理智有六種方法：

- **學會克制**：儘管衝動像匹野馬，但韁繩還是在自己手中。當別人對你說了難聽甚至羞辱性的話，你可以在心裡默念「我不發火」、「我不在意」等，也可以在心裡默背詩詞或文章，這樣能使燃燒的火苗變弱。

- **學會謙讓**：古代，有個叫張英的京官，他家鄉的鄰居砌圍牆，分毫必爭，張英的家人性格衝動，他們不想讓鄰居這樣得寸進尺，於是就向張英告狀。張英回信賦詩勸導家人說：「千里修書只為牆，讓其三尺又何妨？萬里長城今猶在，誰見昔日秦始皇。」家人見詩後，馬上把圍牆讓後三尺，於是就有了六尺巷的美談。

- **必須時刻提醒自己**：有時我們需要得到外人的提醒或幫助。譬如，林則徐每到一處，都在書房最顯眼的地方貼上「制怒」的條幅，隨時提醒自己不要衝動發火。這些辦法並不難做，我們也可以立個座右銘，經常告誡自己，也可以請朋友時常提醒自己，尤其是在自己與他人發生矛盾衝突時，及時的警示能使自己迅速從消極情緒中解脫出來。

- **要及時轉移注意力**：事實證明，衝動一旦爆發，很難對它進行調節控制，所以，必須在它尚未出現之前或剛出現還沒升溫時，立即採取措施轉移注意力，避免情緒繼續發酵。比如說，盡力讓自己想一些、做一些無關的事，腦子不閒，手腳不停，就能擺脫因發怒帶來的想法。所謂眼不見、心不煩，說的就是這個意思。

- **要善於逆向思考**：所謂逆向思考，即反向思考。當你情緒衝動，一時又難以克制時，應多想一想別人的處境，想一想一時衝動可能釀成的惡果，想一想犯錯會使自己的親人多麼痛苦。「回頭想」，可以把自己的思緒從憤怒的指向中拉回來，給過激的情緒降下溫來。

- **還要培養幽默感**：幽默是特殊的情緒表現，在衝動時刻，幽默更是一種理智。具有幽默感的人，生活充滿風趣，許多看來令人情緒激動的事情，用幽默的態度去應付，往往使人變得輕鬆起來。

用理智給自己的衝動降溫吧，當怒火爆發的時候，管好自己的情緒，不讓消極的衝動爆發出來，這樣你才可以獲得別人的尊重。

▌一要冷靜，二要容忍

冷靜是克服衝動的良藥，我們要變「熱處理」為「冷處理」，這樣才能把衝動克服在即將發生之時，避免不幸的發生。

「冷處理」也有人稱為「晾」，就是在矛盾最激烈的時候，先晾一晾再去處理。在德國軍隊裡就有這樣一條規定：一名上兵可以檢舉戰友的錯誤，被檢舉的也有權反駁。但如果長官發現檢舉和反駁的士兵曾在近期發生過衝突，那麼兩個人都會受處罰。發生過衝突的人至少要等一週，等情緒完全冷靜下來後，才可以告對方的狀。用這樣的方法幫助大家改掉衝動的毛病，避免造成士兵間的矛盾。

因此，我們遇事一定要冷靜。讓我們來看這個例子：

一日上午，張小姐在某醫院剖腹產，生下一女嬰，該女嬰出生不久死亡。張小姐家屬當下的心情難以平靜，吵著鬧著讓醫生給個交代。在尚未弄清嬰兒死因的情況下，醫院主管部門告知張小姐一家一定要冷靜下來，按程序處理，千萬不要衝動。然而勸告並沒有使張小姐一家冷靜下來，第二天，張小姐的丈夫、哥哥、婆婆等人到該醫院兒科病房醫生辦公室吵鬧，後來，性格衝動的丈夫對醫院工作人員大打出手，致使醫生、護理師無法正常辦公。院方在勸說無效的情況下，報警求助，接警後，派出所迅速出警，依法將幾個人帶離。

張小姐的丈夫因涉嫌擾亂公共秩序被派出所拘留五日，其他鬧事者也受到了相應處理。派出所人感慨地說：「你們遇事一定要冷靜，不要因一時衝動擴大事態，勿因一時衝動釀苦果。」

看來，在衝動的時候，首先必須讓自己冷靜下來。冷靜提供了衝動者思考的空間，頭腦一發熱，思考的空間就少了，也就容易做傻事。只有冷靜下來，你才能意識到衝動可能造成的後果，你才能制止自己的過激行為。

同時，要冷靜就要容忍，退一步海闊天空，為什麼非要大動干戈呢？「容」和「忍」可以幫人冷靜下來。如果說冷靜是戰勝衝動最好的藥引，那麼，容忍就是這服藥的催化劑，也就說，「容」和「忍」是人們在服藥時應該具備的心態。

「容」就是要把自己的心變得更寬廣，讓它放得下更多快樂或痛苦的事情，這樣你才可以理性地分析事情，讓自己靜下心來思考。比如在股市上，你的一百萬變成了七十萬，只有你容得下虧損，才能保持冷靜，以便抓住下一個資本成長的機會。其實「容」的本質就是：容得下成功也容得

下失敗，容得下營利也容得下虧損，當然，最重要的是要容得下自己，容得下自己的成敗。

《古蘭經》中有云：「忍耐與寬恕是一種意志堅強的表現。」這就是古人所說的「小不忍則亂大謀」，或是「忍辱負重」的意思，大凡有大志負重責者，絕不會在關鍵時刻讓自己衝動。

總之，在感情衝動的時候，無論是狂喜，發怒，惱恨都必須要抑制，抑制的方法就是冷靜和忍耐，這樣才能謹守行為的分寸，不至於越過分寸而犯錯，且能成就大的事業，這是每個人都應該注意的。

為什麼強者那麼能忍

俗話說：忍字頭上一把刀。看來，要忍真的很難，猶如一把滴血的刀放在心口上。

難忍也要忍。自古至今，我們看那些建功立業的強者，誰個不是百忍成金的狠角色？

在有關忍辱負重的典故中，韓信的「胯下之辱」已夠讓人難以承受，但比起勾踐的「嘗糞問疾」來說，就顯得小巫見大巫。韓信只是從人胯下鑽過，而勾踐從錦衣玉食的一國之王成為吳國的階下囚，為奴三年，受盡凌辱。他為了活下去，為了生存，為了復國、復仇，為吳王當馬伕，當「上馬石」！更令人難以想像的是，他為了進一步麻痺夫差，以為夫差看病為名，竟嘗其糞便，這令人想來都作嘔的行為遠遠超出一般人的生理極限！

強者為什麼能夠忍受常人所不能忍受的屈辱？是因為他們心中有遠大的理想 —— 也就是說，他們身負重任。和他們身上的「負重」相比，屈辱算不了什麼。也許應該這樣說：「負重忍辱」 —— 因為「負重」，所以「忍辱」。

第四章　替衝動的野馬套上韁繩

　　再看生於戰國末年的張良。張良本來名叫姬良，是韓國的名門之後，其祖父和父親相繼為韓相國，侍奉過五代君王。在西元前 230 年，韓首當其衝遭秦滅。從貴冑公子淪落為亡國之奴，20 歲出頭的姬良一度壓不住他對秦王的怒火，衝動地想學荊軻刺殺秦王。在西元前 218 年，他孤注一擲地發動了行刺，結果事情未成反而險些讓自己喪命。僥倖逃脫後，姬良化名張良，於躲避秦王通緝中幸遇圯上老人。圯上老人刻意侮辱張良，讓張良明白自己身上的使命是滅暴秦而非殺秦王。這個身負重大使命的人，看事物的眼光驟然開闊，心胸也不再狹窄。後來，張良以他堅毅的忍耐力、冷靜的思考能力，輔助劉邦滅秦誅楚，建立了一番偉大的功業。

　　蘇軾在張良墓前寫下了名篇〈留侯論〉，表達了自己對張良的推崇與敬佩。其中有云：「匹夫見辱，拔劍而起，挺身而鬥，此之不足為勇者。卒然臨之而不驚，無故加之而不怒，此其所挾者甚大，而其志甚遠也。」他這段話的大意是：庸人受到侮辱就會衝動得與對方爭鬥，甚至勇於搏命，其實這根本就稱不上勇敢；天下有一種真正勇敢的人，遇到突發的情形毫不驚慌，無緣無故侵犯他也不動怒 —— 他們為什麼能夠這樣呢？因為他胸懷大志、目標高遠啊！

　　胸懷大志、目光高遠者往往不拘小節，不會為小事情衝動盲目，以至於打亂成大事的步驟、分散成大事的精力。打個比方，一個懷揣利刃矢志屠龍的勇士，絕不會理會行進途中宵小之輩的譏諷與挑釁，他沒有時間也懶得花精力去回擊。

　　想一想，你有一個宏大的志向嗎？如果有，又何必為了一些小事而衝動？如果沒有，那就該為自己立下一個長遠志向了。

▍如何做到三思而後行

很久以前，有一個西班牙人以賣忠告為職業。一個欲衣錦還鄉的富商知道後，就到他那裡去買忠告。那個人問富商，要什麼價格的忠告，因為忠告是按價格的不同而定的。富商說：「就買一個一塊錢的忠告吧！」西班牙人收起錢，說道：「朋友，如果有人宴請你，你又不知道有幾道菜，那麼，第一道菜一上，你就吃飽。」

富商覺得這個忠告不怎麼樣，於是又付了兩倍錢，說要一個值兩塊錢的忠告。那人就說了這麼一條忠告：「當你生氣的時候，事情沒有考慮成熟，就不要衝動，不了解事情的真相，千萬不要動怒，要三思而後行。」富商覺得這個忠告也沒有什麼價值，又要一個值一百元的忠告。那人對他說：「如果你要坐下，一定得找一個誰也趕不走你的地方。」富商還是覺得這個忠告不理想，又要了一個一千元的忠告。那位西班牙人就對他說：「當人家沒有徵求你的意見時，你千萬不要發表議論。」富商覺得，這樣下去除了多花錢外沒有任何意義，於是決定不買任何忠告了。不過，一路上，他為了讓自己不覺得白花了錢，還是將買來的忠告一一銘刻在心頭。

近鄉情怯，出門二十多年的富商沒有大張旗鼓地回家。他衣著樸素，趁著夜色來到自家的窗外，窺視著屋子裡的動靜。第一眼，富商就看到了窗臺上一雙男人穿的舊布鞋。富商心裡一驚，難道妻子已經……

富商想起自己臨別前對妻子的囑咐以及妻子的諾言，不由心裡產生一個惡念，恨不得當場殺了妻子。但他突然想起那個兩塊錢的忠告，沒有動火。夜深了，朦朧的月色下，一個身體高大強壯的男子背著一捆柴推開門，妻子見了趕緊迎上，心疼地說：「怎麼這麼晚才回來，讓我擔心死了。」邊說還邊用毛巾給那個男子擦額頭上的汗。富商這時又動了殺機，好在頭腦裡閃過西班牙人的忠告，使他沒有下手。在給男子端出飯菜時，

妻子對男子說：「聽說有一條船剛剛從很遠的地方來到這裡，明天一早你去碼頭打聽一下，或許能打聽到你爸爸的消息。」聽到這番話，商人不由得想起，他離家的時候，妻子已經懷孕了。原來那個年輕人，就是他的兒子。他高興得不知怎麼是好，覺得買的忠告實在有用，因為有了它，才沒有動火。僅僅兩塊錢的忠告，就這樣可貴！

德國文學家歌德（Johann Wolfgang von Goethe）曾說：「決定一個人的一生，以及整個命運的，只是一瞬間。」而在現實生活中，性格衝動的人其情緒爆發往往也在一瞬間，而這短暫的時刻可能就會毀掉他的一生。所以，在衝動即將爆發時，你不妨多考慮一下後果，做到三思而後行。

要做到三思而後行，就必須告誡自己不生氣、少生氣，心胸要開闊一些，多反問自己幾個問題，如這值得我生氣嗎？有什麼辦法能解決眼下這種情況嗎……不要對芝麻綠豆大的事情抓著不放，大發雷霆，這樣的人心胸不夠寬廣。

遇事多思考不僅是處理問題的有效方法，也是一個人品性培養的要求。若能做到這一點，我們就可以獲得周圍人的尊重和認可。要真正做到三思而後行，可不是說說那麼簡單。下面三個基本步驟，或許能幫助你一點一滴地將衝動的性格改正過來。

◆ **必須不斷地分析自己的行為可能帶來的長期後果**：面對讓自己不順心的事，千萬不要不分輕重，上來就對別人劈頭一頓痛罵，這樣不但解決不了問題，反而會造成自己與他人的矛盾。因此，遇事多想、多分析，弄清楚如果衝動而為造成的後果將是多麼的嚴重，這樣才能做到不輕易動怒。

◆ **必須及時制定出處理問題的具體方案**：在分析清楚衝動可能造成的後果之後，我們就應該思考解決問題的具體方法與步驟。只有從根本上

解決了問題，才能消除使我們生氣的根源。

◆ **必須不屈不撓地按照決定去行動**：一旦制定出解決的方案，就要毫不猶豫地實施，不要因為心裡小小的矛盾，而阻礙方案的實施，導致憤怒在心中升級，做出衝動的行為。

▌得與失不要看得太重

多少衝動，源於得失！

鄰居間為了幾寸宅地的得失就大打出手；為了搶回失去的戀人，有人不惜以身試法血刃情敵⋯⋯他們內心只有一種聲音：「我要得到」，或者是：「我不能失去」。

而實際上，生活當中的「得」與「失」都是相對而言的，每個人都必須辯證地去看待這個問題。「塞翁失馬，焉知非福？」 ── 這句令我們耳朵長繭的老話卻仍有很多人看不透，做不到。

曾經有這麼一個發生在法國的偏僻小鎮上的故事。

小鎮上有一眼非常靈驗的泉水，常有神奇的跡象出現 ── 它能夠醫治好很多種疾病。有一天，一個失去了一條腿的退伍軍人拄著拐杖，一跛一跛地走過鎮上的馬路。小鎮上有人用同情的口吻說：「可憐的傢伙，難道他來這裡是要向上帝祈求再有一條腿嗎？」這話被退伍軍人聽到了。他轉過身對那些人說：「我並非是要向上帝祈求有一條新腿，而是要他幫助我，讓我在失去一條腿後，知道如何去面對眼前的生活。」

可見，得到固然是令人感到欣喜的，然而一旦失去也並不可怕。為所得到的感恩，也接納失去的事實。能夠做到正確的取捨，知道自己真正想要的是什麼，並獲取它，那才是完美的事情。當人們失去的時候，可能會有一件令人意想不到的收穫出現。

俗話說得好：有得必有失，有失必有得，不得不失，不失不得。有時，你可能為一時的不如意而恨天怨地，可是，在你失去的同時，轉過頭來，看看你同時得到了些什麼？上天的分配必然是公平公正的，在你失掉財富、權力、愛情等的同時，你也得到了人生的感悟，明白了生命的真正意義，這就是一種收穫。

人世間的一切並不是我們所能夠掌控的，生命也是一樣，所以，得與失本身不重要。生活在這個世上，沒有人的一生能在衣食無憂和萬事如意中度過。每個人都必然要面對生命歷程中不斷出現的困難。這些困難就是我們所說的「得」與「失」。既然是誰也免不了有得有失，那麼我們就需要有一個面對得失時的正確心態。

得意忘形、驕奢淫逸、驚恐萬狀、惶恐沮喪等處世態度，是那些心理狀態不成熟的人的專利；而當我們做到了「不以物喜，不以己悲，寵辱不驚，臨危不懼，胸有成竹，心如止水」，衝動又怎會輕易產生？

▋小測試：你是容易衝動的人嗎

下面有個測試，認真回答每個選項的問題，看看你是屬於哪種類型的人，是理智的、衝動的，還是平衡型的。

測試

1. 你喜歡什麼樣的工作方式？

　　A. 一個人工作。

　　B. 和一些人一起工作。

　　C. 和很多人一起工作並親密接觸。

2. 心情煩悶時，你喜歡讀什麼樣的書？
   A. 讀史書、祕聞、傳記。
   B. 讀歷史、社會問題小說。
   C. 讀幻想、荒誕小說。

3. 你喜歡恐怖片嗎？
   A. 無法忍受。
   B. 很喜歡。
   C. 害怕。

4. 你會關心他人的生活嗎？
   A. 很少關心他人的事。
   B. 關心朋友的生活。
   C. 關注新聞裡的人物。

5. 去外地時，你會？
   A. 跟家人報平安。
   B. 希望去更多的地方。
   C. 陶醉於自然風光。

6. 碰見熟人，你會怎樣？
   A. 點頭問好。
   B. 微笑、握手和問候。
   C. 擁抱他們。

7. 你看電影時會哭嗎？
   A. 從不。
   B. 有時。
   C. C‧經常。

8. 如果在車上有陌生人要你聽他講自己的經歷，你會怎樣？

　　A. 打斷他，做自己的事。

　　B. 表示頗有同感。

　　C. 真的很感興趣。

9. 有人問你私人問題，你會怎樣？

　　A. 平靜地說出你認為適當的話。

　　B. 雖然不高興，但還是回答了。

　　C. 拒絕回答。

10. 是否想過替報紙的問題專欄寫稿？

　　A. 絕對沒想過。

　　B. 有可能想過。

　　C. 想過。

11. 在咖啡店裡點了杯咖啡，這時發現前面有一位女孩在哭泣，你會怎樣？

　　A. 換個座位遠離她。

　　B. 想說些安慰的話，卻羞於啟口。

　　C. 問她是否需要幫助。

12. 在朋友家聚餐之後，朋友和另一半激烈地吵了起來，你會怎樣？

　　A. 立即離開。

　　B. 覺得不高興，但無能為力。

　　C. 盡力為他們排解。

13. 你會在什麼時候送朋友禮物？

    A. 僅僅在新年和生日。

    B. 在覺得有愧或忽視他們時。

    C. 全憑興趣。

14. 一個剛認識的人對你說了些恭維話，你會怎樣？

    A. 謹慎地觀察對方。

    B. 感到窘迫。

    C. 非常喜歡聽，並開始喜歡對方。

15. 如果你因家事不開心，上班時你會怎樣？

    A. 把煩惱丟在一邊。

    B. 盡量理智，但仍因壓不住火而發脾氣。

    C. 繼續不開心。

16. 當你失去了一個非常重要的朋友，你會如何？

    A. 擺脫憂傷之情。

    B. 感到傷心，但盡量正常生活。

    C. 至少在短暫時間內感到痛心。

17. 你看到一個流浪貓竄進你家，你會？

    A. 扔出去。

    B. 想幫牠找個主人。

    C. 收養並照顧牠。

18. 對於信件或紀念品，你會？

    A. 剛收到時便無情地扔掉。

    B. 兩年清理一次。

    C. C·保存多年。

19. 是否因內疚或痛苦而後悔？

    A. 從不後悔。

    B. 偶爾後悔。

    C. 是的，一直到很久。

20. 與一個很羞怯或緊張的人談話時，你會？

    A. 有點生氣。

    B. 因此感到不安。

    C. 覺得逗他很有趣。

21. 你喜歡的孩子類型是？

    A. 成熟的。

    B. 能與你談話又有個性的。

    C. 不懂事又愛鬧的。

22. 丈夫或妻子抱怨你花在工作上的時間太多了，你會怎樣？

    A. 解釋說這是為了你們兩人的共同利益，然後仍像以前那樣去做。

    B. 對雙方的要求感到矛盾，並試圖使雙方都令人滿意。

    C. 試圖把更多時間花在家庭上。

23. 在一場非常精彩的演出結束後，你會如何？

    A. 不想鼓掌。

    B. 加入鼓掌，但覺得很不自在。

    C. 用力鼓掌。

24. 當拿到母校出的刊物時,你會如何?

    A. 不看就扔進垃圾桶。

    B. 讀一遍後扔掉。

    C. 仔細閱讀,並保存起來。

25. 聽說一位朋友誤解了你的行為,並且正在生你的氣,你會怎樣?

    A. 等朋友自己清醒過來。

    B. 等待一個好時機再聯絡,但對誤解的事不作解釋。

    C. 盡快聯絡,作出解釋。

26. 在路上碰見一個熟人,你會如何?

    A. 走開。

    B. 招手,如果對方沒有反應便走開。

    C. 走過去問好。

27. 怎樣處理不喜歡的禮物?

    A. 立即扔掉。

    B. 藏起來,僅在送者來訪時才擺出來。

    C. 熱情地保存起來。

28. 對示威遊行、捍衛權益行動、宗教儀式的態度如何?

    A. 冷淡。

    B. 使你窘迫。

    C. 感動得流淚。

29. 有沒有毫無理由地覺得害怕過?

    A. 從不。

    B. 偶爾。

    C. 經常。

30. 下面哪種情況最符合你？

　　A. 感情沒什麼要緊，結局才最重要。

　　B. 十分留心自己的感情。

　　C. 總是憑感情辦事。

性格評測

以上各題，A 為 1 分；B 為 2 分；C 為 3 分。

30 ～ 50 分：理智型。

理智型的人很少為什麼事而衝動，即使有怒火，也表現得很有克制力。

50 ～ 70 分：平衡型。

平衡型人能從情緒中擺脫出來，因此很少與人爭吵，工作中的人際關係十分輕鬆愉快，即使偶爾與人發生糾紛，也能不自覺地處理妥貼。

70 分以上：衝動型。

衝動型的人非常重感情，他性格很火爆，喜歡自我炫耀。這可能經常陷入不值得的糾紛，容易發脾氣，所以，擁有這樣性格的人一定要學會理智。

第五章

懶惰的人永遠沒有出頭日

第五章　懶惰的人永遠沒有出頭日

有人問一高僧：「為什麼念佛時要敲木魚？」

高僧說：「名為敲魚，實為敲人。」

「為什麼不敲雞呀，羊呀？偏偏敲魚呢？」

高僧笑著回答：「魚本是世間最勤快的動物，整日睜著眼，四處游動。這麼勤奮的魚都要時時敲打，何況懶惰的人呢！」

原來，這位高僧所雲的敲打，就是我們現在所講的鞭策。人一生要勤奮就要不斷地鞭策自己，克服懶惰的毛病。

美國詩人郎費羅（Henry Wadsworth Longfellow）說：「天才只是無限的慘淡經營與勤勉。」對於一位成功者來說，也是如此。真正的事業有成者無一不是時時鞭策自己勤勉發憤、刻苦工作的，以至於他們中不少人被視為「工作狂」。

有兩匹馬各拉了一大車的貨物到集市上去賣。前面的那一匹馬勤勤懇懇，認認真真地拉車。但後面的那一匹馬卻喜歡偷懶，牠每走一小段路，就要停下來休息。主人看牠太慢了，就把牠拉的貨物都搬到前面那匹馬拉的車上去了。後邊這匹馬樂壞了，牠一邊走一邊嘲笑前面的那匹馬：「老兄，你辛苦吧！流汗吧！你越是努力，人家越是要折磨你。」前面的那匹馬默默地拉著車沒有搭理後面的那匹馬！

到了集市賣完貨物以後，主人於的第一件事就是把那匹懶馬拉到屠畜場賣了。主人對屠場的人說：「這匹馬越來越慢了，恐怕是老了吧，留了也沒有用！你就殺了賣吧，給我一些銀子就可以了！」

後面的那匹馬聽了，才知道原來都是因為自己偷懶才惹來殺身之禍的！但是，後悔有什麼用呢？

懶惰的人總以為自己懂得偷懶就佔到便宜了，實際上，因為懶惰付出的代價會更大！

從一封總統家書談起

　　美國第十六任總統林肯，在 1848 年接到他弟弟的一封信。這個叫約翰·約翰斯頓（John Johnston）的弟弟，與林肯沒有血緣關係，是林肯繼母莎拉與前夫所生的孩子。約翰斯頓是一個非常懶惰、無所事事的混混，經常因為生計而到處借錢。這一次來信，又是向林肯開口借錢。

　　林肯接到信後，思前想後，最後還是拒絕了弟弟的請求。他的回信如下：

　　親愛的約翰斯頓：

　　「你向我借 80 元，我想，目前最好還是不借給你。你過去經常向我借錢，每次給你錢後，你就說：『現在，我們的生活會好起來了。』可沒過多久，你又陷入了同樣的困境。之所以總這樣，是因為你行為上有過失。我想，我知道你錯在哪裡。你並不懶，但你確實游手好閒。我想，自從我認識你後，你恐怕沒有好好做過一天工作。雖然你並不好逸惡勞，但你畢竟不想做工，因為你認為做工得不到很多好處。這種無所事事消磨時光的惡習，就是你目前困境的原因；你應該戒掉這個惡習，這不但對你自己非常重要，而且對你孩子更為重要。之所以說對你孩子更為重要，是因為他們的人生道路比你長，絕對不能讓他們接觸游手好閒的惡習。從善如登，從惡如崩；染上惡習易，改掉惡習難。

　　你現在需要現金，我的建議是，你應該去工作，去為願意給你報酬的人拚命工作。讓父親（指湯瑪斯·林肯，Thomas Lincoln，亞伯拉罕·林肯的父親、約翰·約翰斯頓的繼父）和你的孩子們料理家裡的事務—耕種、收割，你去找份最賺錢的差事做，或用做工來抵債。為了確保你的工作有好的回報，我現在就答應你，從今天起至明年 5 月 1 日，你透過自己付出所賺的一塊錢，不管是現金還是抵債，我就會額外再給你 1 元。也就是說，如果你每月賺 10 元，你還能從我這裡再得到 10 元，這樣，你每月的收入就是 20 元。我說這話的意思，並不是讓你撇

第五章　懶惰的人永遠沒有出頭日

家舍業去聖路易斯（位於密蘇里州），或到加利福尼亞的鉛礦或金礦找工作，我的意思是，你可以在家鄉卡爾斯縣（位於伊利諾伊州）附近找個薪水高的工作。如果你現在就照此去做，很快就能還清債務；更重要的是，你從此會養成好習慣，讓你不再債務纏身。但是，如果我現在就替你還清債務，明年你又會和以往一樣債臺高築。你說，如果能得到70元或80元，你寧肯放棄將來在天堂的位置。我想，你把自己在天堂的位置看得太不值錢了。我擔保，如果你接受我的建議，你工作四五個月就賺到70元或80元。你說，如果我給你這筆錢，你會把土地抵押給我，如果你無法償還的話，抵押的土地就轉讓給我。真是一派胡言！如果你有土地都生活不下去，那沒有土地又該怎麼活呢？你對我一直很好，我也不想對你刻薄。相反，如果你願意照我的建議去做，你會發現，它的價值對你來說超過數個80元。」

在林肯的這封家書裡，表面上對弟弟是拒絕出手相助，但實際上我們能感覺到他更深沉的關愛與善意。是給懶惰的弟弟「魚」，還是給他「漁」，清醒睿智的林肯顯然能做出正確的選擇。

有人說貪婪是萬惡之源，有人說懶惰是萬惡之源。其實兩句話都有道理，貪婪的人敗在無休止的索取，懶惰的人失於吝嗇的付出──不願付出何來回報？

懶惰的人光說不做，卻整天做白日夢。這樣的人不會收獲果實，也不會有出息。美國作家海明威小的時候喜歡空談夢想，於是父親為他講了這樣一個故事：

有一個人向一位思想家請教：「你成為一位偉大的思想家，成功的關鍵是什麼？」

思想家告訴他：「多思多想！」

這人聽了思想家的話，那人彷彿很有收獲。他回家後就躺在床上，望著天花板一動不動，開始「多思多想」。

　　一個月後，他的妻子跑來問思想家：「求您去看看我丈夫吧，他從您這回去後，就像中了魔一樣，什麼也不做，整天躺在床上空想。」

　　思想家跟著婦人到她家中一看，只見男人已變得形銷骨立。他用顫抖的聲音問思想家：「我每天除了吃飯，一直在思考，你看我離偉大的思想家還有多遠？」

　　思想家說：「你整天只想不做，都思考什麼呢？」

　　那人道：「想的東西太多，頭腦都快裝不下了。」

　　「我看你除了腦袋上長滿了頭髮，收穫的全是垃圾。」

　　那人不解地說：「垃圾？」

　　思想家答道：「只想不做的人只會生產思想垃圾。」

　　這個故事是很可笑的，不付出卻想收穫，天下哪有這等好事！那些愛空想的人，縱使有滿腹經綸，是思想的巨人，卻也只是行動的矮子。

　　這個故事給了海明威很大的啟發。在父親的教導下，海明威不再空談自己的夢想，而是勤奮努力，他要用行動去證明自己。後來，他還在自己的作品中塑造了勤奮努力的「硬漢」形象。海明威曾經說：「沒有行動，我有時覺得十分痛苦，簡直痛不欲生。」

▎惰性成災，黑暗到來

　　縱觀古今，還沒有聽說過有哪一個懶惰成性的人取得過什麼成功。只有那些在困難和挫折面前全力打拚的人，才有可能達到成功的巔峰，才有可能走在時代的最前列。對於那些從來不願接受新的挑戰，不敢正視困難與挫折和不願去從事艱辛繁重的工作的人來說，他們是永遠不可能有太大成就的。

　　一個人在工作上、生活上的惰性，最初的症狀之一就是他的理想與抱

負在不知不覺中日漸淡漠和萎縮。對於每一個渴望成功的人來說，養成時刻檢查自己的抱負，並永遠保持高昂的鬥志是至關重要的。要知道，一切成功取決於我們的遠大志向。一個人如果胸無大志，遊戲人生，那就是非常危險的。更危險的是，一旦我們停止使用我們的肌肉和大腦的話，本來具備的生理優勢和能力也會在日積月累之後開始生疏、退化，最終離我們而去。如果我們不能不斷給自己的抱負加油，如果不能透過反覆的實踐來強化自己的能力，不徹底剷除隱藏在心底的惰性，那麼，成功就會變得離我們異常遙遠。

在我們周圍的人群中，由於沒有克服惰性，最後理想破滅，喪失鬥志的人多得數不勝數。儘管他們外表看來與常人無異，但實際上曾經一度在他們心中燃燒的熱情之火已經漸漸熄滅，取而代之的是無邊無際的黑暗人生。

對於任何人來說，不管他現在的處境是多麼惡劣，或者是先天條件多麼糟糕，只要有耐心和毅力，只要他能夠保持高昂的鬥志，熱情之火不滅，那麼他就大有希望。但是，如果他任由惰性蔓延，變得頹廢消極，心如死灰，那麼，人生的鋒芒和銳氣也就消失殆盡了。在我們的生活中，最大的挑戰就是如何克服自己心底的惰性，持久地保持高昂的鬥志，讓渴望成功的熾熱火焰永遠燃燒。

這是一個山區老人的故事，說的是有一次幾頭豬逃跑到山裡去了。經過幾代以後，這些野豬變得越來越凶悍，經常下山來踐踏莊稼，甚至威脅經過那裡的人。幾位經驗豐富的獵人很想捕獲牠們，但這些野豬卻狡猾得很，從不上當。

一天，一位老人趕著一輛毛驢拖著的兩輪車，走進野豬經常出沒的村莊，車上裝滿了木料和穀物。老人告訴當地的居民說，他要幫助他們捉野豬。村民都嘲笑他，沒有人相信老人能做到那些獵人做不到的事情。但

是，兩個月以後，老人從山上次到村莊，告訴居民，野豬已經被他關在山頂的圍欄裡了。

他向居民解釋他是怎樣捕捉牠們的，他說：「我做的第一件事，就是找到野豬經常出來吃東西的地方。然後我就在空地中間放上少許食物作為捕捉的誘餌。那些野豬起初嚇了一跳，但最後還是好奇地跑過來，由老野豬帶頭開始在周圍聞味道。老野豬猛嘗了一口，其他野豬也跟著吃，這時我知道我能捕到牠們了。第二天我又多加了食物，並在幾公尺遠的地方樹起一塊木板。那塊木板像幽靈一樣，暫時嚇退了牠們，但是白吃的午餐很有吸引力，所以不久之後，牠們又回來吃了。當時野豬並不知道，牠們將是我的了。此後我要做的只是每天多樹立幾塊木板在食物周圍，直到我的圍欄完成為止。每次我加進一些木板，牠們就會遠離一陣子，但最後還是會來吃白食。圍欄做好了，唯一進出的門也準備好了，不勞而獲的習慣讓野豬毫無顧忌地走進圍欄，這時我要做的只是拉動連接在門上的繩子，出其不意地把牠們捕捉了。」

這個故事的寓意很簡單：一隻動物要靠人類供給食物時，牠就會遇到麻煩。人也一樣，如果你想使一個人「殘廢」，成為一個十足的失敗者，只要在足夠長的時間裡給他提供「免費的午餐」，讓他養成不勞而獲的懶惰習慣就行了。

許多失敗者就像這群懶惰的野豬一樣，他們總想不勞而獲，心甘情願地去當「白吃」。他們時常故作輕鬆地說：「這對我沒有什麼兩樣。」許多失敗者都是這種調子。

還有一則笑話，嘲諷了懶惰者的不光彩結局。

古時候有一個懶妻，洗衣、煮飯一樣都不會，整天過著茶來伸手、飯來張口的生活。一天，丈夫要出去辦事，他怕自己走後，懶妻自己不願動

手會餓死，所以臨走之前特地為他的婆娘做了一張烙餅，又擔心懶妻太懶，連自己動手拿一下都不願，所以就拿了根繩子串起那張烙餅，然後把烙餅掛在懶妻的脖子上，只要她張嘴就能咬到烙餅。

過了十多天，丈夫回到家時，推門進屋一看，懶妻已經餓死了。再看那張烙餅，嘴邊附近的地方被咬了幾口，其餘的地方連動都沒動一下。原來懶妻懶得連用手轉動一下烙餅都不願意，所以烙餅就在嘴邊卻活活被餓死了。

事實上，懶惰會造成畏縮，畏縮會導致進取心及自信心的喪失，一個人如果缺乏這些基本的能力，終其一生都會受命運的擺布與欺凌。

好運只眷顧勤奮的人

古語云：天道酬勤。這裡所謂的「天道」，是指自然界有序運行的客觀規律。

西晉時期，一個叫左思的文人憑藉〈三都賦〉名噪一時，創下了洛陽紙貴的千古奇觀。左思小時候口齒遲鈍，成績平凡，無一點過人之處。稍大之後，他決心寫一篇讚頌魏、蜀、吳三國都城的文章〈三都賦〉。在所有人眼裡，左思要寫好這個高難度的賦，簡直不可能。大文學家陸機就公開聲稱：洛陽有個傢伙不知天高地厚，居然想寫〈三都賦〉，我看他寫好後的文稿只配給我來蓋酒罈子。左思卻毫不氣餒，他苦讀前人的著作，深入三國都城調查。歷時十年專心致志地構思、創作，終於寫成了轟動一時的〈三都賦〉。曾經譏諷、嘲弄過左思的陸機讀了〈三都賦〉後，愧悔萬分，自嘆不如，竟打消了自己寫同題材文章的念頭。

華羅庚教授曾說「勤能補拙是良訓，一分辛勞一分才。」即使天資再差，只要勤奮，就一定能成功。左思的勤奮成才為華羅庚的名言提供了例

證。一個人只要勤奮，就不怕成不了才，成不了事。成功只青睞有準備的人，而所謂的「有準備」，就是勤奮。

香港珠寶大王鄭裕彤，出生在一個農民家庭，自幼家境貧寒，15 歲時即中斷學業，到香港「周大福珠寶行」當學徒。臨行前，母親叮囑他：做事既勤快，又遵守規矩，多動手，少動口。鄭裕彤牢記母親的教誨，做事勤快又機靈。他處處留意看老闆和同事如何做好經營管理，還在業餘時間觀察別的商家如何營業。

有一次，他去別家珠寶店觀察人家的經營之道，不料回來時遇上塞車，遲到了。老闆發現後，問他何故遲到，他便據實相告。老闆不相信一個小學徒還有這份心思，就問：「你說說，你看出了什麼名堂？」

鄭裕彤不慌不忙地說：「我看人家做生意比我們要精明，客人只要一進店，店員總是笑臉相迎，有問必答，無論生意大小，一概客客氣氣。就算只看不買，也是笑迎笑送。我覺得，這種待客的禮貌周到是最值得我們學習的。還有，店鋪的門面也一定要裝飾得像模像樣，與貴重的珠寶相配。我看人家把鑽石放在紫色的絲絨布上，光亮動人，讓人看起來很動心……」

鄭裕彤侃侃而談，周老闆暗暗動心。他預感此子必成大器，便有意培養他。鄭裕彤成年後，頗受周老闆器重，周老闆不僅將女兒嫁給他，後來乾脆將生意全部交給他打理。你看鄭裕彤的好運，不是來源於勤奮嗎？

鄭裕彤娶了貌美的妻子，又得了大老闆的位子，卻絲毫不敢懈怠。在他的苦心經營下，「周大福珠寶行」發展成為香港最大的珠寶公司，每年進口的鑽石數占全香港的30%。之後，鄭裕彤又投資房地產業，成為香港幾大房地產大亨之一。即使是發家後的鄭裕彤，一天工作 12 小時也是常事，以至於他母親常心疼地責怪他：「你又不是沒錢，何苦仍然那麼拚命？」

看看擁有豐厚財產尚且勤勉刻苦的鄭裕彤，我們不妨時時問一下自己：我夠勤奮嗎？所謂的「夠勤奮」，是勤奮到了哪種程度呢？是否已經絞盡腦汁、用盡才華，發揮了所有潛能，動用了所有可以利用的人力、物力？如果不是，那怎麼能說夠勤奮了呢？

業精於勤，荒於嬉。在通往成功的路上，曲折和坎坷是難免的，不管多麼聰明的人，要想從眾多道路中取一捷徑，都少不了一個「勤」字。所謂「書山有路勤為徑，學海無涯苦作舟」，就是指讀書與勤奮的關係。人生中的成功和幸福大多都始於勤而成於勤。唐人有詩云：

十年磨一劍，霜刃未曾試。今日把示君，誰有不平事？

當我們看到他入手舞寶劍縱橫江湖時，不免羨慕人家的榮耀與大氣。想成為他們嗎？想的話，花十年甚至更長的時間，苦心磨劍吧！

▌搖錢樹與煉金術

從前，有兩兄弟在父母死後分家過日子。弟弟人懶，鬼點子多，要了好田好地和祖屋，只分給哥哥一塊山。

哥哥也不爭論，拿了農具和一些簡單的生活用品，就上山開荒，並在山上搭了一個睡覺的棚子。

一晃幾年過去了，好吃懶做的弟弟吃空了祖業，餓著肚子上山找哥哥要糧食。他到了山上一看，哎呀，哥哥原來住的破棚子早已變成了一棟寬敞明亮的大瓦屋，屋子裡堆滿了糧食。

聽說弟弟餓肚子了，哥哥急忙給了弟弟一擔糧食。懶惰的弟弟非常感激哥哥不計前嫌的大方，並央求哥哥幫自己挑下山。原來弟弟四體不勤，根本就不能挑擔子了。哥哥幫弟弟挑糧食下山，路上，弟弟忍不住問哥哥怎麼變得那麼富裕了。哥哥笑著說，因為啊，我有一棵搖錢樹。

搖錢樹？弟弟一聽，雙眼放光，問：「搖錢樹真的有嗎，長得是什麼樣子？」

哥哥一聽忍不住笑了：「搖錢樹嘛，兩個樹枝，每個樹枝上五個芽，搖一搖，開金花，要吃要穿都靠它。」

弟弟回家去，邊走邊想：哼，哥哥有這麼好的寶貝，怪不得他的日子過得這麼好。嗯，我得想個辦法：把搖錢樹偷來，種到我家的院子裡去。

過了幾天，弟弟趁哥哥去集市，偷偷上了哥哥的山坡，拿著一把鋤頭，要找搖錢樹。找來找去，看見一棵小樹，似乎和哥哥所說的搖錢樹有些相像，就急忙挖出來栽到自家院子裡。

可想而知，那棵搖錢樹並不能搖出錢來。於是，弟弟再次找到哥哥，請求哥哥給自己一棵搖錢樹。哥哥聽了來龍去脈，哈哈大笑，伸出兩雙手，說：「我的搖錢樹就是我的兩隻手，兩隻手不是像兩條樹枝嗎？每個枝條上五株芽就是我手上的五根手指頭啊！」

弟弟一時沒反應過來：「手怎麼成了搖錢樹啦？」

「地是兩手開，樹是兩手栽，房是兩手蓋，衣服是兩手裁。日子要過好，全靠兩隻手；有手不勞動，不如豬和狗啊！」哥哥的話讓弟弟茅塞頓開。

無獨有偶，泰國有個叫奈哈松的人，一心想成為大富翁，他覺得成功的捷徑便是學會煉金術。他把全部的時間、金錢和精力都用在了煉金術的實踐中。不久，他花光了自己的全部積蓄，家中變得一貧如洗，連飯也吃不上了。妻子無奈，跑到父母那裡訴苦，她父母決定幫女婿改掉惡習。他們對奈哈松說：「我們已經掌握了煉金術，只是現在還缺少煉金的東西。」

「快告訴我，還缺少什麼東西？」

「我們需要3公斤從香蕉葉下蒐集起來的白色絨毛，這些絨毛必須是

你自己種的香蕉樹上的，等到收完絨毛後，我們便告訴你煉金的方法。」

奈哈松回家後立即將已荒廢多年的田地種上了香蕉，為了盡快湊齊絨毛他除了種自家以前就有的田地外，還開墾了大量的荒地。

當香蕉成熟後，他小心地從每張香蕉葉下收刮白絨毛，而他的妻子和兒女則抬著一串串香蕉到市場上去賣。就這樣，十年過去了，他終於收集夠了3公斤的絨毛。這天，他一臉興奮地提著絨毛來到岳父母的家裡，向岳父母討要煉金之術，岳父母讓他打開院中的一間房門，他立即看到滿屋的黃金，妻子和兒女都站在屋中。妻子告訴他，這些金子都是用他十年裡所種的香蕉換來的。面對滿屋實實在在的黃金，奈哈松恍然大悟。

想要有出息，先要學會拚命，拚命地付出與努力。儘管不是每一個拚命的人都會有出息，但不拚命的人是不會有出息的。

懶得做小事，怎能做大事

一個偉人曾經說：「不會做小事的人，很難相信他會做成什麼大事。做大事的成就感與自信心是由做小事的成就感累積起來的。可惜的是，我們平時往往忽略了，讓那些小事隨風而過。」

對於一個人來說，有做小事的精神就有做大事的氣魄。不要小看做小事，也不要討厭做小事，只要有益於工作，有益於事業，就應該把必須完成的小事做好。用小事堆砌起來的事業大廈才是最穩固的。

亞洲首富李嘉誠年輕時曾做過塑膠製品的推銷員。在那些一心想做大事的人看來，當塑膠家庭製品的推銷員無疑是在做小事，但李嘉誠卻把這件小事做得有聲有色。他很明白，小事都懶得做，怎能做大事！

每天早晨，當同事還在睡懶覺時，李嘉誠就背著塑膠製品出發了。他懷裡揣著一張香港地圖，在這張地圖的下面，有他事先計劃好要走的線

路。對所要到達的社區的情況，他都心中有數，這樣可以避免走冤枉路，節省了時間。

在推銷期間，為了省錢，他始終都是以步代車地奔走於香港的大街小巷。勤奮且能吃苦耐勞的李嘉誠，早在當跑差掃地的小學徒時，就已練就了 12 個小時不坐的來回跑動的能耐，而且也能忍受這種長時間的勞累所帶來的肌肉痠痛。

艱苦的推銷生涯也讓李嘉誠學到了不少寬厚待人、誠實處事的哲學。李嘉誠深深懂得先做人、後做事的道理，善於從每一件小事中獲得對自身有益的經驗。

為了推銷，他什麼小事都願做，他幫助工廠裡的清潔工人掃過地，幫助馬路工人灑過水，他還陪著一個大客商的兒子去看過賽馬。

李嘉誠的努力終於得到了回報，年末分紅時，李嘉誠的銷售額排在第一位，業績高出第二位的 7 倍。幾個月後，由於工作業績顯著，李嘉誠被提升為業務經理，主管產品的銷售。這時候的李嘉誠僅僅 18 歲。

當初李嘉誠離開舅舅的鐘錶公司，就是為了開創一番自己的大事業。但他並沒有年輕人的懶惰，而且從小事做起，在工作中循序漸進，一步一步地向自己的遠大志向邁進，一點一點地開創事業的新局面。

和李嘉誠一樣，美國巨富洛克斐勒（John Davison Rockefeller）在當記帳員時，就已經懂得了細節和小事的重要性。他時時不忘記帳，把花掉的每一分錢都詳細地記在他的帳本上。洛克斐勒的記帳習慣從參加工作開始，一直記到了臨終，可以說是終生不懈。從幾美分到幾千萬美元，包括給未婚妻花的錢，在洛克斐勒的帳本上都記得清清楚楚。他曾說過一句話：「數字即為金錢，絲毫馬虎不得！」

曾有一位人事部經理總結說：「每次應徵員工，總會遇到這樣的情形，

即大學生與大專生相比，我們也認為大學生的素質通常比後者高。可是，有的大學生自以為是天之驕子，大事沒經驗做，小事也懶得做，還看不起別人。有時候安排他們做小事，他們會覺得委屈，埋怨你埋沒了他這個人才，不肯放下架子。我們招人來是工作的、做事的，如果不會做事情，有個文憑有什麼用？但大專生相對而言卻很勤奮，都不敢懶惰，即便小事也做得非常認真。」

因此，不管你從事什麼工作，都應該把自己手中的事做得井井有條。小事的成功看似偶然，實則孕育著成功的必然。然而在生活中，很多懶惰者卻不屑於做小事。這些人大事做不了，小事也不放在眼裡，整天碌碌無為，成為一個十足的大懶蟲。

如果你想成功，就要克服懶惰，要像李嘉誠一樣，小事也要做到最好。

▌改變懶惰性格的幾點建議

幾年前，某大學的食堂裡出了個「英語神廚」，他考到了多益金色證書，還寫出了一本暢銷書，並因此從一個廚師一躍走上了新的工作崗位。如果你問他成功的祕訣是什麼，他一定會告訴你：「戰勝懶惰，用勤奮去證明自己！」是啊，為了自己的夢想，為了多看半個小時的書，他晚上主動承擔起維持宿舍整潔的工作，以此來獲得半個小時的讀書時間。只要有時間他就往英語角跑，偷偷地混在大學生中間，與他們進行英語交流。經過努力，他的英語能力大大提高。可見，他的成功完全是用辛苦和汗水換來的。

一個人知識的多寡，關鍵在於勤奮的程度如何，付出的汗水有多少。而懶惰者，永遠不會在事業上有所建樹，永遠不會使自己變得聰明起來；唯有勤奮者，才能在無垠的知識海洋裡學習到豐富的知識和智慧，才能不斷地開拓新的領域，獲得知識的酬報，使自己變得聰明起來。所以，我們

要想讓自己的人生有所收穫，就必須戰勝懶惰。下面，我們將介紹一些告別懶惰的小技巧：

要有勇於吃苦的精神

一個人之所以會變得懶惰，很大方面是因為他們沒有吃苦精神，他們喜歡享受，喜歡安逸的工作。所以，要有勇於吃苦的精神，不要給懶惰任何藉口。

我們看這個故事：有一個女孩在英國留學，她家裡不寬裕，為了上學，她就找了三份工作，每天都處於奔波之中。結果她的校長知道了這事，就問：「我知道妳非常能吃苦，但打三份工太辛苦了，我有一份工作，如果妳願意做，學校就免除妳的學費。」

女孩說：「校長，我願意做！您說吧，什麼工作？」

校長說：「刷廁所。我們這個學校有好幾個廁所，需要一個人打掃，妳願意吃苦？」

女孩說：「我願意吃苦，我一定打掃得非常乾淨！」

正是女孩勇於吃苦的精神為她獲得了免除學費的待遇。在我們的生活中，如果懶惰者都能像這個女孩一樣勇於吃苦，還有什麼困難能難到你呢？所以，改變懶惰的性格，一定要有勇於吃苦的精神。

對於工作不要挑肥揀瘦

很多懶惰者對自己所面臨的工作挑來撿去，不是覺得這個工作太難，自己做不了，就是覺得那件事太簡單了，不想為小事花費力氣，最後就變成了什麼都不想做的懶蟲。如果人們要克服這種懶惰的個人習慣，就不要對自己的工作挑肥揀瘦。不管是什麼工作，你都要認真去完成，這不僅是工作態度的問題，還關係著你的人生前途。

第五章　懶惰的人永遠沒有出頭日

在行動中證明自己

　　勤奮不是放在嘴上說的，是沉默中一小步一小步的跨越，是意志力支撐下的持久的行動。檐上水滴之力微不足道，卻能穿透石塊。很多看似不可思議的事情，勤奮卻能把牠變成現實。只要你能一直努力下去，再大的懶惰也會乖乖地向你俯首稱臣。

　　很多懶惰者在面對一項任務時，經常還沒開始做就覺得自己無法勝任，總是找「這事我恐怕做不好」之類的藉口推脫。事實上，你具備完成這項工作的能力，只是你太懶，不想做難度太大的工作。對於這樣的人，一定要勤奮起來，只有在行動中，才可以證明自己的價值，並獲得回報。

幫自己制定行動計畫

　　很多懶惰的人，他們行動沒有計畫，把困難無限誇大，以致沒有行動的信心。因此，在做每一件重要事情前，都要有行動計畫，依計畫行事，這樣就會做到有備而來。一項計畫完成了，會增強人的信心，就會有決心去完成下一個計畫。

讓你的朋友監督你

　　有的人懶惰就是因為沒人約束他，監督他，受各種誘惑，最後放棄行動。因此對那些管不住自己的人，可請朋友隨時監督自己的行動。很多人往往在無形中就犯了錯，朋友的監督會讓其及時糾正錯誤。

要保持樂觀的情緒，少發牢騷

　　懶惰者遇到挫折時，往往愛發牢騷，並不停埋怨。這個時候，應該是冷靜地查找問題出在哪裡，或是自我解脫，或是與別人商量，哪怕爭論一番對掃除障礙都有益處。這個過程帶來的喜悅能使你更加好學。

把不足化為工作的動力

懶惰者在工作的時候一定要投入，無論結果如何，都要看到自己努力的一面。一項工作沒有完成好，也許是技術不熟練，也許是自己還存在不足的地方。當知道自己的不足後，就應該加強學習，想辦法提高自己的能力。這個時候，不足就可以成為你工作的動力，如此，你扎實的努力會讓你看到成功的希望。

確定的事情就要努力完成

《聖經》中說：「無論你做什麼，都要竭盡全力。」不懶惰，竭盡全力地去做一件事，你才能看到成功的希望。

有一位小女孩叫莎莎，她小時候學芭蕾舞時，父親對她嚴格得近似殘酷。一旦她偷懶想玩，父親總是問：「妳竭盡全力了嗎？」沒辦法，莎莎只好繼續練，待筋疲力盡無法站立時，才敢坐在地上休息。

如此枯燥乏味的練功生活使莎莎產生了厭煩的情緒，她不想這樣練下去了，打算放棄芭蕾。父親得知她的打算後問：「當初是誰決定妳學芭蕾舞的？」

莎莎慚愧地說：「是我。」

父親說：「妳今天放棄了芭蕾，明天還會放棄別的，做任何事情都會遇到無法預料的困難。如果決定去做什麼事，就要用盡全力去做，懶惰的人不會成才。」

莎莎委屈地說：「可我每天的生活都是一樣的，太枯燥了。」

父親說：「任何一個學芭蕾舞的人都是這樣，別人都能做到，妳為什麼不能？除非妳是弱者。」

莎莎不想成為弱者，她用父親經常說的「妳竭盡全力了嗎？」這句話

來反問自己，練累了就用海綿擦洗一下四肢，藉以恢復體力。最後她的舞步練得靈巧如燕，終於成了一名著名的芭蕾舞者。

命運掌握在竭盡全力、勤懇工作的人手中，只有勤奮地堅持下去才能實現目標。因此，一旦選定了目標，就要竭盡全力去實現。

小測試：看看你是否是條懶蟲

現在請你來做個小測試，看看你是否是一條懶蟲？

測試題目

1. 從外地旅遊回到家中，你要做的第一件事情是：
   A. 一頭倒在床上。
   B. 沖澡。
   C. 打開行李，把東西拿出來。
   D. 收拾房間。

2. 你會選擇下面哪種方法保持體態？
   A. 根本不管體態。
   B. 減少食量。
   C. 嘗試各種減肥食譜偏方。
   D. 每天健身。

3. 收到同學的來信，如果郵局離得很遠，你會什麼時候回信？
   A. 得很長時間。
   B. 順便路過郵局的那天。
   C. 累積幾封信件一起寄。
   D. 很快，自己會特地跑一趟郵局。

4. 五個手鐲送給你，你怎樣戴在手上？
    A. 全戴在左手上。
    B. 全戴在右手上。
    C. 左邊三個右邊兩個。
    D. 一個都不戴。

5. 你會讓客人從哪邊進門？
    A. 自己在前面帶路。
    B. 左手邊。
    C. 右手邊。
    D. 退後幾步讓客人先進。

6. 坐車去遠處看友人，回來時已經接近末班車時間，眼看一輛車開過，
   但你離公車站牌還有 200 公尺，怎麼辦？
    A. 慢慢走到公車站牌，稍等一下，沒班次就叫計程車回家。
    B. 跑幾步，然後停下來走，聽天由命。
    C. 邊跑邊高聲呼喊司機多等一下。
    D. 一路狂奔，衝刺到最後。

測試結果

A 為 10 分；B 為 5 分；C 為 1 分：D 為 0 分。

50 分以上：自我放任的懶惰者。

你不僅僅是懶得起身倒水、懶得蹲下綁鞋帶的懶惰者，你在工作上也難有什麼成就，不大會得到上司的認可。對於這樣的人，一定要克服自己懶惰的習慣，生活中的小事也要認真做好，不要拖拖拉拉。

31 ～ 49 分：躺著不動的懶惰者。

你總是把工作拖到最後，做事拖拖拉拉，雖然你是個有理想、有抱負

的人，但你的志向只是在腦子裡想想而已。你是身懶但心不懶的人，所以一旦想到自己的理想，就會恨自己太懶惰。你人生的大好時光就這樣白白流過，你總是躺回床上做白日夢。對於這樣的人，一定要讓自己行動起來，用實際行動去實現理想。

11 ～ 30 分：白費力氣的懶惰者。

你會因為懶惰犯一些錯，然後再用加倍的工作來彌補，但你卻無法在自己心中找到快樂。懶惰的本性在你人格裡已經扎根，你不是一個能勤奮工作到死的人，但為了挽回損失也願付出一些勞動，可基本上是白費力氣，沒有什麼收獲。對於這樣的人，一定要端正自己的工作態度，不管時候什麼都要勤奮工作，一時的勤奮只會是白費力氣。

10 分以下：你是一個非常勤奮的人。

你是一個很勤奮的人，屬於閒下來會覺得發慌的類型，你是懶惰者學習的榜樣。你不會太胖，腿比較有力，身上有一些勞累造成的病症，不過看起來總是很有精神，眼睛常年在聚焦狀態，生命也充滿了鬥志。

第六章

告別多愁善感與鬱鬱寡歡

第六章　告別多愁善感與鬱鬱寡歡

　　曾經，多愁善感作為敏感、脆弱、富於幻想人群的重要特質，成為藝術氣質的代名詞。在歐洲文藝復興時代，幾乎所有的文學家和藝術家都以多愁善感的敏感神經為榮，自嘲為「憂鬱的瘋子」。多愁善感是負面情緒。嚴重了可能成為病態。偶爾的可以算是心情的調劑，放鬆。長久的沉溺其中，甚至固化為性格，這對人是沒什麼好處的。現代社會競爭這麼激烈，還是持一種積極的態度為好。

　　首先，多愁善感的人身體通常不好。愁傷心。憂傷肺，憂愁的結果必然多疾病。《紅樓夢》裡的林黛玉不就是如此嗎？

　　其次，多愁善感的人與人難以和諧相處。多愁善感人心細如髮、敏感而又多情，往往會為了一丁點大的事，或哭或笑或鬧彆扭。

　　另外，多愁善感剝奪了人快樂的權利。快樂其實是件簡單的事。享受簡單的快樂，享受生活。其實快樂是任何人都剝奪不了的，只在內心。

　　有一對兄弟，一個出奇的樂觀，一個卻非常悲觀。他們的父母希望兄弟倆的性格都能改變一些。

　　有一天，他們把那個樂觀的孩子鎖進了一間堆滿馬糞的屋子裡，把悲觀的孩子鎖進了一間放滿漂亮玩具的屋子裡。以為這樣便能讓孩子的性格有所改變。

　　一個小時後，他們的父母走進悲觀孩子的屋子時，發現這個孩子正坐在一個角落裡，一把鼻涕一把眼淚地哭泣。原來，他不小心弄壞了玩具，他擔心父母會責罵自己。

　　當父母走進樂觀孩子的屋子時，卻發現孩子正在興奮地用一把小鏟子鏟著馬糞，把散亂的馬糞清掃得乾乾淨淨。看到父母來了，樂觀的孩子高興地叫道：「爸爸，這裡有這麼多馬糞，快告訴我，你們把馬藏在哪兒了？」

　　這個樂觀的孩子就是後來的美國總統雷根。他從報童到好萊塢明星，再到州長，直至當上了美國總統。這中間，樂觀的性格是關鍵因素。

▌煩惱多是自找的

幾個年輕的大學生找到心理學教授，訴說他們對大學畢業之後何去何從感到徬徨。他們向教授傾訴各自的諸多煩惱：沒有考上研究生，不知道自己未來的發展；女朋友將去一個俊傑雲集的大公司，很可能會移情別戀……

教授讓他們把煩惱一個個寫在紙上，判斷其是否真實，一併將結果也記在旁邊。

經過實際分析，這些年輕人發現自己真正的困擾其實很少。他們看看自己那張困擾記錄，不禁說：「無病呻吟！」教授注視著這一切，微微對他們點頭。於是，教授說：「你們曾看過章魚吧？」

「有一隻章魚，在大海中，本來可以自由自在地游動，尋找食物，欣賞海底世界的景緻，享受生命的豐富樂趣。但牠卻誤入了珊瑚礁，然後動彈不得，吶喊著說自己陷入絕境，你們覺得如何？」教授用故事的方式引導學生們思考。沉默了一會，一個學生說：「您是說我們像那只章魚？」旋即，這個學生自己接著說：「真的很像，我發現多數煩惱都是自己找的。」

教授提醒他的學生們：「當你們陷入壞心情的習慣性反應時，記住你們就好比那隻章魚，要鬆開你的八隻手，讓它們自由游動。捆住章魚的是自己的手臂，而不是珊瑚礁的枝椏。」

這些學生若有所悟，但還是沒有完全開竅。其中一個就向心理學教授請教：能不能用身邊的事例對「煩惱多是自己找來的」這一結論給予具體的說明？

教授笑而不語，從房間裡拿出了十多個水杯擺在茶几上。這些杯子各式各樣，材料也不相同，有玻璃的，有塑膠的，有瓷的，有紙的；有的杯子看起來高貴典雅，有的杯子看起來粗陋低廉……

教授說：「你們要是渴了，就自己倒水喝吧。」

正值天氣悶熱，大家口乾舌燥，便紛紛拿了自己中意的杯子倒水喝。等學生們杯子裡都倒滿水時，教授講話了。他指著茶几上剩下的杯子說：「大家有沒有發現，你們挑選出的杯子都是比較好看、比較別緻的，像這些塑膠杯和紙杯，被選用的就少得多。這也是人之常情，誰都希望手裡拿著的是一隻好看一些的杯子。但是，現在我們需要的是水，而不是水杯。杯子的好壞，並不影響水的品質。想一想，如果我們有意無意地把心思用在選好的杯子上，用在雞毛蒜皮的瑣事上，甚至用在互相攀比上，自然就難免自尋煩惱。這就是：野花不種年年開，煩惱無根日日生。」

學生們靜默了很久。之後，只聽到「咕咚咕咚」的喝水聲。

在漫長的人生歲月中，總會有一些不愉快，總會有一些煩心事，讓人無端地煩惱。就像人吃五穀雜糧，總會有人生病一樣，沒有人能避開煩惱。煩惱無處不在，無時不有。如果你是市井小民，那每天的出門幾件事總是或多或少的煩惱；如果你是國家領導者，那你操心的就是內政外交。職位越高，煩惱越多，而且成正比成長。如果你是一國之主，每天卻為了吃飯而煩惱，說出去豈不是笑談？

既然正視了自己的煩惱，就應該坦然面對，想辦法來解決。不是嗎？

曾有一個笑話是這麼說的：有一個高個子和一個矮個子一起散步，有人問，天塌下來怎麼辦？矮個子答，怕什麼，反正有高個子頂著；問高個子，高個子答，怕什麼，天塌下來不過是碗口大的疤。這是何等的豁達！

雖然這是個笑話，但仔細想一想也有它的道理。很多事情我們不要太介意，許多天大的事情當時覺得很難，過後想想不都是又不那麼難了。更何況，生活中多數是些雞毛蒜皮的事讓人煩惱。不想聽的事，就不要讓它進入耳朵；不可避免地進入了，就要想辦法不要讓它進入大腦；無法阻擋地進入了，就要想方設法不要讓它停留在記憶中。要學會忘記，學會清理，學會整治，這樣才能拋棄煩惱，大腦才能有更多的空間容納更多的開心事。

不為小事而煩惱

有一個人正準備享用一杯香濃的咖啡，餐桌上放滿了咖啡壺、咖啡杯和糖。忽然一隻蒼蠅飛進房間，嗡嗡作響直往糖上飛，這個人頓時好心境全無，他煩躁無比，起身就用各種工具追打蒼蠅，片刻之間將房間裡弄得亂七八糟：桌子翻了、咖啡灑了、杯子碎了，而最後蒼蠅還是悠悠地從窗口逃走了。

我們活著的每一天，可能有很多人遇到過類似的情景，讓一點小事而影響了原本極為美妙的享受，瞬間快樂無存。然而人生短暫，記住千萬不要浪費時間，去為小事而煩惱。一個人會覺得煩惱，是因為他有時間煩惱。一個人為小事煩惱，是因為他還沒有大煩惱。

世事繁雜，生活中遇到不如意的事是常事。從偉人到芸芸眾生，無不皆然。算起來生活中哪一天沒有不順心的事？工作不如意、同事間的誤會、錢不夠花等，把自己陷在這些煩惱中，即使晴天麗日也會覺得天氣不好。

1945 年 3 月，一名美國青年羅勃‧摩爾在中南半島附近海下 84 公尺深的潛水艇裡，學到了一生中最重要的一課。

當時摩爾所在的潛水艇從雷達上發現一支日軍艦隊朝他們開來，他們發射了幾枚魚雷，但沒有擊中任何一艘艦。這個時候，日軍發現了他們，一艘布雷艇直朝他們開來。3 分鐘後，天崩地裂，六枚深水炸彈在四周炸開，把他們直壓到海底 84 公尺深的地方。深水炸彈不停地投下，整整持續了 15 個小時。其中，有十幾枚炸彈就在離他們 15 公尺左右的地方爆炸。倘若再近一點的話，潛艇就會被炸出一個洞來。

摩爾和所有的士兵一樣都奉命靜躺在自己的床上，保持鎮定。當時的摩爾嚇得不知如何呼吸，他不停地對自己說：這下死定了……潛水艇內的

溫度達到攝氏 40 多度，可是他卻怕得全身發冷，一陣陣冒虛汗。15 個小時後，攻擊停止了。顯然是那艘布雷艇在用光了所有的炸彈後開走了。

摩爾感覺這 15 個小時好像有 15 年。他過去的生活一一浮現在眼前，那些曾經讓他煩憂過的無聊小事更是記得格外清晰 —— 沒錢買房子，沒錢買汽車，沒錢給妻子買好衣服，還有為了點芝麻小事和妻子吵架，還有為額頭上一個小疤發愁……

可是，這些令人發愁的事，在深水炸彈威脅生命時，顯得那麼荒謬、渺小。摩爾對自己發誓，如果他還有機會再看到太陽和星星的話，他永遠不會再為這些小事憂愁了！

這是一個經過大災大難才悟出的人生箴言！英國著名作家迪斯累利曾精闢地指出：「為小事而抓狂的人，生命是短促的。」的確，如果讓微不足道的小事時常吞噬我們的心靈，這種不愉快的感覺會讓人可憐地度過一生。

有一位年過 35 歲，擁有兩家業務蒸蒸日上的公司的女總經理，她有光滑的臉龐、樸實的穿著、開朗的微笑和溫柔的語調，如果不談公事，她看來頂多像剛入社會的新鮮人。她總是開開心心的，不只是大家願意和她相處，做生意時也會覺得和她合作很愉快。所以，她的生意愈做愈好。

有人問她：「如何青春永駐？」

問的人大約只有 20 歲，在她的認知中，35 歲已經是很老很老了。

這位總經理回答：「我不知道，大概是因為我沒有煩惱吧！從前年輕的時候，常常為雞毛蒜皮的事煩惱得不得了，連男朋友對我說：『喂！妳怎麼長了顆青春痘？』我都會煩惱得睡不著覺，心想：他講這句話的意思是不是他不愛我了？這種情況直到我大哥去世。」

「我大哥從小就是個有為的青年，二十多歲就開始創業。他車禍去世前幾天，正為公司少了一筆十萬元的帳煩惱，我大哥一向不愛看帳本，那

個月他忽然把會計帳本拿出來看。會計是他的合夥人，因為這一筆帳去路不明，他開始懷疑兩個人多年來的合作是否都有被吃帳的問題。我嫂嫂說：他開始睡不著覺，睡不著就開始喝酒，喝酒後就變得煩躁，越煩躁越喝酒，有天晚上應酬後開車回家，發生了車禍，他就走了……他走了之後，我嫂嫂處理他的後事時發現，他的合夥人只不過把這個公司的十萬元挪到那個公司用，不久又挪回來了。沒想到我哥為了這筆錢，煩了那麼久……」

「從我大哥身上我明白了：不要製造煩惱，不要自找麻煩，就以最單純的態度去應付事情本來的樣子。這也許是我不太會長皺紋的原因吧！」

也許我們從這位女經理身上可以感悟到：每個人的周圍一定有看起來像「煩惱製造機」的人，他們總在為不可能發生的事、不足掛齒的小事、事不關己的事所煩惱，在日積月累的煩惱中，他們對別人一個無意的眼神、一句無心的話都有了疑心病，彷彿在努力地防衛病毒入侵，也防衛了快樂的可能。

在美國科羅拉多州一座山的山坡上，有一棵大樹，歲月不曾使它枯萎，閃電不曾將它擊倒，狂風暴雨不曾將它動搖，但最後它卻被一群小甲蟲的持續咬嚙給毀掉了。在現實生活中，我們不會被大石頭絆倒，卻會因小石子摔跤。伏爾泰曾一針見血地指出：「使人疲憊的不是遠方的高山，而是鞋子裡的一粒沙子。」生活中常常困擾你的，不是那些巨大的挑戰，而是一些瑣碎的事。雖然這些事微不足道，卻能無休止地消耗你的精力。其實，反正時間一分一秒在走，難過也是一天，快樂也是一天。你的今天要怎麼過，你就能讓它怎麼過。所以，人生要想得到快樂，就要學會隨時倒出那煩人的「小沙子」。

心理失衡怎麼辦

心理失衡的現象在現代競爭日益激烈的生活中時有發生。但凡遇到成績不如意、大考落榜、面試落選、與家人爭吵、被人誤解譏諷等等情況時，各種消極情緒就會在內心累積，從而使心理失去平衡。消極情緒占據內心的一部分，而由於慣性的作用使這部分越來越沉重、越來越狹窄；而未被占據的那部分卻越來越空、越變越輕。因而心理明顯分裂成兩個部分，沉者壓抑，輕者浮躁，使人出現暴戾、輕率、偏頗和愚蠢等等難以自抑的行為。這雖然是心理累積的能量在自然宣泄，但是它的行為卻具有破壞性。

這時我們需要的是「心理補償」。縱觀古今中外的強者，其成功之祕訣就包括善於調節心理的失衡狀態，透過心理補償逐漸恢復平衡，直至增加建設性的心理能量。

有人打了一個頗為形象的比方：人好似一架天平，左邊是心理補償功能，右邊是消極情緒和心理壓力。你能在多大程度上加重補償功能的砝碼而達到心理平衡，你就能在多大程度上擁有了時間和精力，信心百倍地去從事那些有待你完成的任務，並有充分的樂趣去享受人生。

那麼，應該如何去加重自己心理補償的砝碼呢？

首先，要有正確的自我評價。情緒是伴隨著人的自我評價與需求的滿足狀態而變化的。所以，人要學會隨時正確評價自己。有的青少年就是由於在自我評價得不到肯定，某些需求得不到滿足時未能進行必要的反思，調整自我與客觀之間的距離，因而心境始終處於鬱悶或怨恨狀態，甚至悲觀厭世，最後走上絕路。由此可見，青年人一定要學會正確估量自己，對事情的期望值不能過分高於現實值。當某些期望不能得到滿足時，要善於勸慰和說服自己。不要為平淡而缺少活力的生活而遺憾。遺憾是生活中的

「添加劑」，它為生活增添了發憤改變與追求的動力，使人不安於現狀，永遠有進步和發展的餘地。生活中處處有遺憾，然而處處又有希望，希望安慰著遺憾，而遺憾又充實了希望。正如法國作家大仲馬（Alexandre Dumas）所說：「人生是一串由無數小煩惱組成的念珠，達觀的人是笑著數完這串念珠的。」沒有遺憾的生活才是人生最大的遺憾。

為了能有自知之明，常常需要正確地對待他人的評價。因此，經常與別人交流，依靠友人的幫助，是求得心理補償的有效手段。

其次，必須意識到你所遇到的煩惱是生活中難免的。心理補償是建立在理智基礎之上的。人都有七情六欲各種感情，遇到不痛快的事就不會麻木不仁。沒有理智的人喜歡抱屈、發牢騷，到處辯解、訴苦，好像這樣就能擺脫痛苦，其實往往是白花時間，現實還是現實。明智的人勇於承認現實，既不幻想挫折和苦惱會突然消失，也不追悔當初該如何如何，而是想到不順心的事別人也常遇到，並非是老天跟你過不去。這樣就會減少心理壓力，使自己盡快平靜下來，客觀地對事情作個分析，總結經驗教訓，積極尋求解決的辦法。

再次，在挫折面前要適當用點「精神勝利法」，即所謂「阿Q精神」，這有助於我們在逆境中進行心理補償。例如，實驗失敗了，要想到失敗乃是成功之母；若被人誤解或誹謗，不妨想想「在罵聲中成長」的道理。

最後，在補償心理時也要注意，自我寬慰不等於放任自流和為錯誤辯解。一個真正的達觀者，往往是對自己的缺點和錯誤最無情的批判者，是勇於嚴格要求自己的進取者，是樂於向自我挑戰的人。

記住法國文豪維克多·雨果的話吧！「笑就是陽光，它能驅逐人們臉上的冬日。」

如何做個樂天派

　　每個人都有七情六欲和喜怒哀樂，煩惱也是人之常情，人人避免不了。但是因為每個人對待煩惱的態度不同，所以煩惱對人的影響也不同，通常人們所說的樂天派與多愁善感型就有顯著的區別。樂天派的人很少自找煩惱，而且善於淡化煩惱，所以活得輕鬆、瀟灑；而多愁善感的人喜歡自找煩惱，一旦有了煩惱，憂愁萬千，牽腸掛肚，離不開，扔不掉，活的有些窩囊。

　　美國心理治療專家經過研究認為：一個人若有以下心理或做法，必定會促使其自尋煩惱、無事生非：

- **把別人的問題攬到自己身上**：如果你把別人的問題攬到自己身上並因此自怨自艾，把某些人不喜歡你的責任也通通歸因於自己，那麼要不了多久，你就會煩惱成疾。

- **做不可能實現的夢**：最可憐的人是那些慣於抱著不切實際的希望的人。如果一個人把自己的目標制定得高不可攀，他就會因為不能實現目標而煩惱。

- **盯著消極面**：牢牢記住你有多少次受到不公正的待遇，或者記著有多少次別人對你說話的態度不友善。如果你把注意力集中在那些不好的、吃虧的事情上，你就會運用這種消極的思想方法來給自己製造煩惱。

- **製造隔閡**：絕不去讚揚別人，確實做到不使用任何鼓勵之辭；其次，喋喋不休地批評、挑刺、埋怨、小題大做。這是製造隔閡、自尋煩惱的根源。

- **滾雪球式地擴大事態**：當問題第一次出現時就正視它，它就很容易化為烏有。反之，如果讓問題像滾雪球一樣不斷地擴大下去，最後滾

雪球的人總是遵照一條簡單的規則行事：「如果錯過了解決問題的時機，索性再往後拖拖。」這樣，只會使問題變得更糟，必定會導致你的憤怒和苦惱埋在心中幾個月甚至幾年。

◆ **以殉難者自居**：母親們過度地承擔家事，然後對自己說：「沒有一個人真正心疼我，對我們家來說，我不過是個僕人而已。」當父親的也能採取同樣的方法：「我的骨架都累散了，誰也不把我當回事，大家都在利用我。」經常這樣想，必定會使你煩惱異常，而且還會使周圍的人感到討厭，令你的感覺變得更糟。

◆ **「我早就知道會如此」症候群**：如果你預料到有什麼壞事會出現，它們多半是會兌現的。

◆ **蠢人的黃金定律**：把其他人都看得一文不值。運用這條定律的關鍵是首先嫌棄自己，一旦貶低了自己的價值，接下來就會覺得其他人也同樣淺薄，於是對他們不屑一顧，使自己變得眾叛親離。

那麼，該如何才能淡化和化解煩惱呢？你可以試試以下方法：

◆ **比較的觀點**：比如發生了重大的車禍，死傷多人，皆為不幸。未傷者受驚，輕傷者輕痛，重傷者重痛，死亡者慘痛，由前往後比，雖是不幸，但又是大幸；從後往前比，則是不幸中的大幸。在 NBA 的世界裡，如果人人非要跟喬丹比較，那真的是很不現實的事情。很多人只能望其項背，所以只能以他為最高，做最真實的自己，否則，那肯定是件極度煩惱的事。

◆ **時間的觀點**：遇到煩惱之事，倘若你主動從時間的角度來考慮一下，心中對此煩惱之事的感受程度可能就會大大減輕。受了上級的當眾責備，面子很過不去，心裡難以承受，不妨試想一下，三天後，一星期後甚至一個月後，誰還會把這件事當回事，何不提前享用這時間的益處呢？

◆ **現實的觀點**：就是勇於承認現實，坦然面對現實，對任何既成事實的過失以及災禍，不必為之過多的後悔和煩惱，也不必因此而不停地責備自己或他人，而應把精力放在努力彌補過失，最大可能減少損失方面，否則過多的後悔、不休的責備不僅於事無補，還會擴大事端，增加煩惱。

◆ **換位的觀點**：俗話說：旁觀者清當局者迷，就煩惱之事來說，也是如此，置身於煩惱之中的人，往往執著於一點，甚至鑽牛角尖，千絲萬縷難找頭緒，自己無法控制自己。此時，置身局外旁觀者的勸導，可以產生指點迷津、淡化煩惱的作用。如果你正處於煩惱之中，不妨做一下自己的旁觀者。

除此之外，還要知足常樂。如果對自己要求過高，總不知足，當然很難感到愉快並會增添很多煩惱。記住一句話：煩惱就像天空上的一片烏雲，如果你的心中是一片晴空，那麼煩惱不會對你有絲毫的影響。

用陽光心態面對生活

生活中有些人喜歡置身於自己設定的悲傷與煩惱中，或許這是與生俱來的感覺，抑或是後天環境所造成的心理。每當遇到一點挫折或回憶起自己過去的境遇和傷痛，就耽溺於其中，覺得自己是一個人的存在。全世界都被他忽略，卻總以為是全世界忽略了他，給自己徒增傷感，看似寂寞無助，實則可悲甚至可笑。

有兄弟兩人，一個 4 歲，一個 6 歲。由於臥室的窗戶整天都是密閉著，他們認為屋內太陰暗，看見外面燦爛的陽光，覺得十分羨慕。兄弟倆就商量說：「我們可以一起把外面的陽光掃一點進來。」於是，兄弟兩人拿著掃帚和畚箕，到陽臺上去掃陽光。可是等他們把畚箕搬到房間裡的時

候，裡面的陽光就沒有了。這樣一而再再而三地掃了許多次，屋內還是一點陽光都沒有。

正在廚房忙碌的媽媽看見他們奇怪的舉動問道：「你們在做什麼？」他們回答說：「房間太暗了，我們要掃點陽光進來。」媽媽笑道：「只要把窗戶打開，陽光自然會進來，何必去掃呢？」

打開心扉，讓陽光照進來，一切都會改變模樣。

一旦以陽光的心態面對生活，不管生活多麼困窘，你的內心都會灑滿溫暖的陽光，永遠存儲著對生活的熱望。這種溫暖如陽光的心態，會使你「行到水窮處，坐看雲起時」，得到了不得意，失去了不失心。

一旦你用陽光的心態面對競爭，你的內心就會擁有陽光的明媚，這有助於你積極地面對困苦，勇敢地接受挑戰。這種陽光的心態，恰是你化解競爭緩解壓力的最好武器。

一旦你用陽光的心態面對工作，不管任務多麼繁重，你的內心總有光明湧動。這種透亮如陽光的心態，會開闊你的視野，舒展你的心胸。有了它，你可以感受「亂花漸欲迷人眼，淺草才能沒馬蹄」的清新；可以感受「海闊憑魚躍，天高任鳥飛」的寬廣；可以感受「採菊東籬下，悠然見南山」的淡泊；更可以感受「長風破浪會有時，直掛雲帆濟滄海」的壯志豪情。

那麼，還等什麼？快打開心扉，讓陽光進來！

首先，培養自己有陽光的眼睛和陽光的心。心理學家在引導人們減壓時，較重要的信念就是想自己快樂的事。每天晚上躺在床上，想一些美妙的事情，哪怕是　些美妙的設想，心情會非常好。看一些輕鬆的文章，寫一些輕鬆的文字，都會令自己身心愉悅。

其次，對一些不愉快的事，學會放在腦後，不要一次次對他人講述。你的每次講述，都是在記憶中又進行一次強調。你應該清楚，他人永遠不能真正幫助你，能幫你的，只有你自己。所以，無謂的傾訴是要取消的。

最後，改掉情緒自虐的習慣。人為地渲染悲觀情緒，或者拖延憂傷情緒的持續時間，是自虐心理在作怪。一個嘆息不斷的人，是不受周圍人歡迎的。一個壓抑、情緒低落的人，是被這個時代所排斥的。在快節奏的生活中，人們需要的是心靈的放鬆。

一段時間內拋開你的那些憂傷的文字試一試，拉開你的窗簾讓陽光進屋內試一試，和朋友們講一講開心的笑話試一試。你會發現，快樂的旋律開始在你身邊迴響，這裡沒有憂傷的舞臺。

▎學會面對生活中的不幸

從前有一個人提著網去打魚，不巧下起了大雨，他一賭氣將網撕破了。網撕破了還不夠，他又因氣惱一頭栽進了池塘，再也沒有爬上來。

這個故事告訴我們下雨不能打魚，等天晴就是了。不要讓一場雨下進心裡，不要讓一口怨氣久久不能散去，從而輸掉青春、愛情、可能的輝煌和一伸手就能摘到的幸福。

人們在生活中常常會遇到這樣或那樣幸與不幸的遭遇，要接觸各式各樣的機緣，要經歷種種的坎坷與風雨，這些都是人在自己人生的航線上必不可少的風景。如果一個人天生就生活在一個優越而又無憂無慮的家庭，他的未來早已被他的家人安排好了，而且家人還為他的人生鋪好了一條陽光般的道路讓他能夠順順利利地去走。可以說他的人生根本不需要自己煩惱，不需要自己去闖，更不需要他的翅膀來承擔生活的重擔。但這樣一個所謂「含著金湯匙」出世的人，他能體會到人生的滋味嗎？他能有人世間真正的幸福嗎？人生真正的幸福莫過於用自己的力量取得成功所換來的喜悅。人生的禍福讓人難以預料，假若有一天，他將獨自面臨這個社會，面對自己的人生，他恐怕無法承載生活給予他的沉重壓力。

生活對每個人都是平等的，不會對誰有任何的厚待與眷顧。人生是在無數的瑣瑣碎碎、無數個小小的甜蜜、小小的失落中滑過去，並走向未來的。

不要幻想生活總是那麼圓滿，也不要幻想生活在四季中卻只享受所有的春天，每個人的一生都注定要跋涉好多坎，品嘗苦澀與無奈，經歷挫折與失意。我們要學會面對生活中的不幸。

宋代有位高僧，法號靚禪師。一次，靚禪師去施主家做佛事，路過一小溪，因前夜天降暴雨，溪水頓漲，加之靚禪師身體胖重，因而陷於溪流之中。他的徒弟連拖帶拽，將其背到岸上。靚禪師坐在亂石間，垂頭如雨中鶴。不一會，他忽然大笑，指溪作詩曰：

> 春天一夜雨滂沱，添得溪流意氣多；
> 剛把山僧推倒卻，不知到海後如何？

靚禪師在如此倒楣、尷尬的情況下，尚能開懷吟詩，如果沒有樂觀的生活態度，他做得到嗎？

要想在不幸中達觀、愉快，除了加強修養，堅定意志之外，一個重要的方法就是換一個角度，站在另一個立場去看待自己所遇到的不幸，設法從中得到快樂。靚禪師陷於溪流之中，一般人認為他會垂頭喪氣，自認倒楣而恨恨不已。而靚禪師偏不這樣，反以藐視的態度與溪水對話，在對話的過程中，寬釋了心懷，得到了樂趣，變煩惱為人笑，這是何等寬宏的胸懷啊！

你能像靚禪師那樣樂觀地對待生活嗎？如果不能，你應該轉變一下觀念，記住：

◆ 你改變不了環境，但你可以改變自己；

◆ 你改變不了事實，但你可以改變態度；

◆ 你改變不了過去，但你可以改變現實；

◆ 你不能控制他人，但你可以掌握自己；

- ◆　你不能預知明天，但你可以把握今天；
- ◆　你不能樣樣順利，但你可以事事盡心；
- ◆　你不能左右天氣，但你可以改變心情；
- ◆　你不能選擇容貌，但你可以展現笑容；
- ◆　你不能決定生死，但你可以提高生命品質。

　　這也恰似哲人所言：「所謂幸福的人，是只記得自己一生中滿足之處的人；而所謂不幸的人，是只記得與此相反的內容的人。」每個人的滿足與不滿足，並沒有太多的區別差異，而幸福與不幸福相差的程度，卻會相當巨大。

▌小測試：你的內心有多少陽光

　　也許你的外表看起來聰明機靈，也許你的身邊陪伴著許多朋友，但是你真的打開了你的心扉嗎？你真的是個開朗的人嗎？也許這一切，並不像你心裡所想的那麼簡單。想知道答案嗎？那麼，請開始測試吧，看看你的內心是否真的充滿陽光。也許，你想知道的一切就在等著你哦。

測試問題

（1）你經常因為空閒而不知道該做什麼事嗎？

　　　·是 ── （2）

　　　·不是 ── （3）

（2）在一個愜意的早晨，你願意做哪種事情消磨時間？

　　　·做各式各樣的運動，或者和朋友一起瘋狂購物大血拚 ── （3）

　　　·一個人一邊喝著喜歡的飲料，一邊看雜誌，直至中午 ── （4）

（3）你比較擅長做哪種食物？

　　·簡單好吃的午後甜點 ——（4）

　　·複雜專業的西式大餐 ——（6）

（4）你比較喜歡用哪種運動來保持身材？

　　·輕鬆休閒的午後散步 ——（5）

　　·具有競爭的田徑運動 ——（6）

（5）你有多少個知心好友？

　　·一個或沒有 ——（6）

　　·兩個以上 ——（7）

（6）你覺得哪種花更能吸引你的目光？

　　·優雅淳樸的百合 ——（8）

　　·嬌小樂觀的雛菊 ——（7）

（7）你願意對你的朋友推心置腹嗎？

　　·是的 ——（8）

　　·不是 —— D

（8）你比較喜歡喝哪種飲料？

　　·碳酸飲料類 ——（9）

　　·咖啡奶茶類 —— E

（9）你即使不睡覺也要和朋友在一起玩通宵嗎？

　　·是的 —— C

　　·不是 ——（10）

（10）你感興趣的話題多嗎？

　　·多到數不過來 —— B

　　·一般或沒有幾個 —— A

測試結果

A. 陽光指數 50%

在大家看來你不是非常陽光，也不是馬上就能敞開心懷與他人交談，但是人們覺得你依然是個善良、單純的人。你很喜歡身邊有朋友的陪伴。所以就算不善於表達自己，你依然也是會討人喜歡的。你可以主動融入別人，跟他們說說話，這樣就可以很快地成為內心充滿陽光的人了。

B. 陽光指數 72%

你是個堅強而樂觀的人，你是有一定毅力的，你很喜歡堅持自己的觀點，這讓人覺得你很有主見。你和朋友相處得很好，也是個讓人覺得陽光的人。不過有時候可別太固執了呀！你要試著聽取身邊朋友們的意見，然後綜合一下，化解自己內心的矛盾，心裡就會輕鬆很多的哦！

C. 陽光指數 99.99999%

恭喜你，你真的是太陽光了！你的交際能力非常好，你在人們眼中可是個願意為朋友兩肋插刀的人呢！你非常會整理自己的想法和調適自己的心情，所以一天到晚都很開心哦！另外，你也是一個充滿自信的人，恐怕這世界上的一切事物都不值得你擔心了，因為那完全不影響你的心情。

D. 陽光指數 33%

你有點多愁善感，顯得一天到晚心事重重的樣子，身邊的人不會覺得你陽光。不過，你只需要收起你的壞心情，把笑容擺在臉上，時間久了大家就會慢慢接近你，並且覺得你非常陽光！切記不可以太僵硬太死板哦！

然後你可以試著主動去接近那些看起來比較友好的人，那樣就不至於使你變得那麼緊張了。

E. 陽光指數 60%

你是一個有內涵的人，但你卻不是很懂得交際，你把大部分時間都花在了自己的身上，不過你是一個很好的聆聽者和很好的合作夥伴。以後記得不要將自己的想法放在心裡，對別人敞開心胸之後，你會覺得交際對你來說遊刃有餘。

第六章　告別多愁善感與鬱鬱寡歡

第七章

性格內向的人需注意什麼

第七章　性格內向的人需注意什麼

有人是外向的性格，有人是內向的性格。兩種性格類型都各有其優點和缺點，互為補充。現在普遍認為，內向的人興趣與注意指向自身及其主觀世界。除了親密朋友之外，性格內向的人不隨便與他人接觸，對一般人顯得冷漠；待人含蓄、沉思、嚴肅、敏感；缺乏自信與行動的勇氣；喜好幻想；情緒活動比較穩定；喜歡有秩序的生活。

按說，內向性格的人並非什麼缺陷，只要不過度內向，知道揚長避短就行了。

1969 年 7 月 16 日，美國阿波羅十一號飛船首次把人送上月球。飛船上載有尼爾‧阿姆斯壯（Neil Alden Armstrong）、麥可‧科林斯（Michael Collins）、伯茲‧艾德林（Buzz Aldrin）三名太空人。經過近 76 小時的飛行，7 月 21 日 2 點 56 分，阿姆斯壯將左腳踏到月球上，成為世界上第一個登上月球的人。19 分鐘後，艾德林跟著也登上了月球。而科林斯則駕駛著返回艙在環月軌道上等待返航。

在當時，艾德林很少被人關注，彷彿一切的光芒都被阿姆斯壯占據著。但艾德林是個性格開朗的人，並沒有把這些放在心上，始終保持著微笑。在慶祝登月成功的記者招待會上，有一位記者對艾德林提出了一個很尖銳的問題：「你作為同行者，而成為登上月球第一人的卻是阿姆斯壯，你是否感覺有點遺憾？」

在眾人的注視下，性格開朗外向的艾德林用幽默的話說：「各位，千萬別忘記了，回到地球時，我可是最先邁出太空艙的！」

艾德林環顧四周笑著說：「所以，我是從別的星球上來到地球的第一個人。」

大家在歡愉的笑聲中，給了他最熱烈的掌聲……艾德林用他開朗的人格和機智的幽默獲得了大家的尊敬。

過度內向不利於人的成長和發展

十幾年前的一天早上，某中學發生一個慘案。這天該校一輟學學生陳某持刀衝進教室，砍死一名女生和一名男生，重傷多名學生。隨後，陳某自砍兩刀後跳樓身亡。記者回訪現場時不少同學表示，陳某在學校幾乎沒有朋友，他性格孤僻內向。令人困惑的是，在這次血案之中，兩位被害者卻均是與陳某走得最近的人。

根據同班同學的描述，陳某當年進該中學時，被分配到高一 7 班，與受害學生吳某同班。進入高二時，學校分組分班，成績較差的陳某被調整到高二 11 班體育班。

所有見過陳某的人，腦海裡都會浮現兩個詞：內向和孤僻。一位曾經是高 · 7 班的老師說，在高一的時候，陳某的性格比較內向，寡言少語，一放學就獨自一人回家，平時幾乎不與班上同學說話，常常就是低著頭獨來獨往。

這位老師記得，有一次，陳某上課遲到，但他並沒有像其他同學一樣喊報告，而是不理會老師一個人埋著頭獨自走到座位上。有的同學感慨地說：「我們很少與他說話，班上同學都不太了解這個人，他的性格太內向了。」

可見，過度內向會使一個人走向極端，做出讓人無法理解的事情。這些人總是給自己設置一道樊籬，將自己和外界隔絕開來，他們很少或根本不去參加社交活動，很少與別人聯絡。所以，我們要努力克服內向的傾向，學會把自己向交流對象開放。

只要自信一些，你就會發現和別人交流並不是一件很難的事情，甚至還會發現其中的樂趣，讓自己的生活變得多姿多彩。剛剛進入別人圈子時，也許會遭遇冷遇，但只要你熱情一些，大家就會慢慢地接受你。如果你不理別人，別人也沒必要主動理你。

因此，內向的人請大膽地和周圍的人交流，也要經常和老朋友保持聯絡。要知道，別人和你一樣，也希望能得到一個朋友。要多幫助人，多感謝人，這樣別人才能感到你的溫暖和友善，覺得你是個值得信賴的人。你更要和別人多交流，多聊天，千萬不要成為一個不合群的孤癖者，這樣的人是沒人喜歡的。

性格內向的人不僅有交流的障礙，他們還難以應對人生的挫折，如果不克服，還可能會導致自己的失敗。在挫折和失敗面前，他們往往會有失落的心情，變得怯懦和自卑，進而懷疑自己的能力。他們十分在意別人的評價，遇事忐忑不安……其實，內向者應該相信自己，失敗既有自己主觀的因素，也有客觀的因素，不能因為失敗就懷疑自己，讓自己失去站起來的勇氣。

內向性格的人有著很多的弱點，如果不去克服的話，就會影響到自身的成長和發展，還有可能引發怯懦、多疑等性格，所以，要告別內向，學會開朗。

不愛交流也要提高交際能力

影響內向者成功的致命缺陷有兩方面，一是交際能力不足，二是行動能力不足。因此，改變內向型性格，重點在於提升交際能力及行動能力。事實上，即使不喜歡交際，你也要有意識地提升交際能力。

生活中，內向者對交流的態度顯得很消極，他們與其他人的關係很淺，只有少數幾個知心朋友甚至一個都沒有；他們中還有的人認為，交際太難了，與自己不太熟悉的人見面和交談會是一件很麻煩的事情。為此，性格內向的人常表現出躲避、恐懼、拒絕或討厭別人的消極情緒。

有一位性格內向的人說：「我並不是厭世，但我確實不知道生存在世

上的意義。我對人對事都沒有特殊的依戀，我希望可以躲起來不必面對這個世界。我每天早上都賴在床上不肯起來，外面的世界對我來說太難應付了，每天由辦公室回到家裡的時候，我都有如釋重負的感覺。放假的日子，除非迫不得已，我一定要留在家裡，無論如何也不肯出去。我最怕的是人，我覺得自己什麼都比不上別人，所以為了逃避與別人比較高低，我在盡可能大的範圍之內都避免與別人接觸。我很怕問問題，我怕被人罵我笨，所以工作上及生活上有許多事我都一知半解，得過且過就算了。可是我又怕別人看穿我的無知，因此我加倍謹慎，避免與人接觸。雖然我躲在自己的『一人世界』裡覺得很安全，但同時我也覺得孤獨。我嚮往能多幾個好朋友，我希望自己不要這麼怕與人接觸，我希望可以仔細地去了解自己工作及生活的環境，我希望可以真正地享受人生。」

小靜是一名大學生，但她並不喜歡大學生活。她從小性格內向孤僻，沒有朋友。考進大學後，雖然內心深處渴望與人交流，但是卻缺乏勇氣和信心。她不敢與同學來往，當有同學找她說話時，會突然臉紅、心慌、出汗，如果有誰在身旁突然說話，都會嚇她一跳，好長時間平靜不下來。小靜不敢去餐廳吃飯，不敢去浴室洗澡，上課也從不抬頭聽老師講課。害怕到人多的場合，從不參加任何團體活動。時時感到自己不如別人，怕面對別人的視線，無法投入到正常的學習、生活中……

性格內向者容易出現交流障礙。在生活中，一個拒絕交流的內向者，要麼被視為能力差、傲慢、冷酷、薄情和枯燥無味，要麼讓人感到不可理喻、莫名其妙、令人不快，甚至會被誤解為危險的人。這樣下去，性格弱點會給自己的生活和事業帶來不利影響。

社會交流能力的提高，則有助於內向者完善自己的性格，改變自己獨處的困境。朋友多了，你就可以大膽地走出去，從而體會生活的快樂，同

時，你將更有信心追求夢想和事業。因此，內向者即使害怕交際，也應努力提高自己的交流能力。你應盡可能與更多的人和諧相處，不要把自己孤立起來。

內向者在培養交際能力方面，可以做如下的嘗試：

◆ 積極融入集體生活中去，使自己成為受歡迎的人。

◆ 在交流中要持友善態度，胸懷要寬廣。

◆ 接納他人的性格和缺點，不要過分要求別人如何。

◆ 經常向朋友敘說你的感覺和想法，但要注意彼此相交的深淺程度，要有所保留的傾訴，以免出現尷尬局面。

◆ 要明白真正的朋友有以下特點：不會貶低你來抬高自己；會保守你的祕密；不會惡言中傷你；不會介意你的衣著如何；不會突然斷交。所以，在交流中並不是什麼人都去接觸，都讓他們成為自己的朋友，一定要有選擇性。

◆ 要有樂於變化的心態，時時準備性格上的變化。告別內向走向開朗的時候，在心理上一定會有些不適，所以，你要讓自己適應這些變化。

◆ 性格內向的人在遇到煩惱時，不妨假設正處在快樂逍遙的狀態，久而久之，就可以養成樂天的性格。心裡開朗了，你才可以大膽交流。

◆ 將自己在交流中的感受寫在一本「祕密日記」裡，這不僅有助於觀察自己的變化，還有助於學習如何表達內心感受。

◆ 對自己不奢求十全十美。改變自己內向的性格，提高交流能力，並非一定要變得十分開朗、擁有一流的口才，只要自己能大膽交流就是進步。

◆ 清楚地知道自己對交流對象所持的態度，並將自己的態度傳遞給對方。

雖然心理學家認為社交能力是可以訓練提高的，但要真正提高社交能力，實在不是一件容易的事，也不是一朝一夕可以做到的，關鍵要看你有沒有這個恆心。內向者請努力吧，一番努力後，你會看到一個全新的自己。

不要耽溺在孤獨之中

孤獨，並不單純是獨自生活，也不意味著就是獨來獨往。一個人獨處，可能並不感到孤獨；而置身於大庭廣眾之間，未必就沒有孤獨感產生。

心理學家菲思認為，真正的孤獨，往往產生於那些雖有肉體接觸，卻沒有情感和思想交流的夫婦之間。事實上，不管你是已婚或是未婚，也不管你是置身於人群中，或者是獨居一室，只要你對周圍的一切缺乏了解，和你周圍的世界無法溝通，你就會體會到孤獨的滋味。

內向型性格的人，不少心性極高，卓然傲世。於是，他們在曲高和寡中，日益把自己與外界隔絕起來。他們需要戰勝孤獨。戰勝孤獨的祕訣何在呢？

戰勝自卑

因為自己覺得跟別人不一樣，所以就不敢跟別人接觸，這是自卑心理造成孤獨的狀態。這就跟作繭自縛一樣，要衝出這層包圍著你的黑暗，你必須首先撕破自卑心理織成的繭。

其實，你大可不必為了自己跟別人不一樣而憂思重重，人人都是既相同又不一樣的。只要你自信一點，鑽出自織的「繭」，你就會發現每一個人都有自己的長處，也同樣存在弱點，完全不必自卑，大膽地跟別人交流溝通並不是一件難事，那時你就不再孤獨了。

第七章　性格內向的人需注意什麼

與外界交流

獨自生活，並不意味著與世隔絕。一個長年在山上工作的氣象研究員說，他常常覺得有必要把自己的想法告訴人家，可是他的身邊卻沒有人可以傾訴，所以他就用打電話發郵件來滿足自己的需求。

當你感覺到孤獨的時候，翻一翻你的通訊錄。也許你可以給某位久未見面的朋友寫封信；或者是給哪一個朋友打個電話，約他去看一場週末的電影；或者是請幾位朋友來吃一頓飯，你親自下廚，炒上幾道香噴噴的菜，這都別有一番樂趣。

跟朋友的聯絡，不應該只是在你感覺到孤獨的時候。要知道，別人也都跟你一樣，希望能夠體會到友誼的溫暖。

為別人做點什麼

與人相處時所感到的孤獨，有時候會超過一個人獨處時的十倍。這是因為你與周圍的人格格不入，就好像突然來到語言不通的國度一樣，無法與周圍的人進行必要的交流，也無法進入那種熱烈的氣氛裡面，你不由自主地覺得自己很孤單，而他們之中的那種熱烈氣氛更是襯托出你的冷落。為別人做點什麼，這很有好處。記住：燃起一把溫暖別人的火，也會溫暖你自己。

愛自然，走入社會

一些習慣了孤獨的人，很會充分地享受孤獨提供給他的閒暇時光。他們卻不知生活中還有許許多多的活動，都是充滿了樂趣的，孤獨使他們無法充分領略這些美妙之處。這種福分，也不是那些忙忙碌碌的人可以享受到的。

許多飽嘗過孤獨痛苦的人都說，當他們遭到厄運的襲擊，而又不能夠向人傾訴時，他們會不由自主地走到江邊去，讓清爽的江風吹著，心情就

會漸漸地開朗。有一個感情豐富的女孩子說，她常常跑到最熱鬧的街道上去，她覺得只要置身於川流不息的人流中，就會忘掉自己的寂寞。

確立人生目標

也許，早在原始社會人類就過慣了群居生活，所以現代社會才有了「孤獨」這樣的世紀病。一個人害怕自己跟他人不一樣，害怕被別人排斥，害怕在不幸的時候孤立無援，害怕自己的想法得不到旁人的理解……總之是內心的恐慌，似乎人類的心靈越來越脆弱了。

要想從根本上克服內心的脆弱，最好的方法莫過於給自己確立目標和培養愛好。一個懂得自己活著是為了什麼的人，是不會感到寂寞的；同樣，一個活著而有所愛、有所追求的人，也是不怕寂寞的。

當然，「孤獨」本身是一個中性詞，適度的孤獨可以使人有機會深刻地思考，我們在此所說的「遠離孤獨」，是遠離那種自我封閉的孤獨。

▌克服自我封閉的心理

過分、浮誇的感情當然不可取，但我們不能因此對生活中真正打動我們內心的人和事也裝作視而不見。把自己的感情封閉起來，戴上所謂成年人的千篇一律的面具去生活，只會使我們的生活陳舊過時，失去活力。

人類的內心世界是由感情凝結而成的，所以我們才能在鄰居或朋友之間建立起誠摯的友誼；才能在夫妻間建立起美滿的婚姻和家庭；社會也才能透過感情的紐帶協調轉動。真摯的感情無影無形，但它卻比任何實際的東西都更有價值。正因為如此，尋找失落的童年時的笑聲和真情，也才會成為人們歷盡磨難後的安慰和夢想。

當內向型性格的人要壓抑自己的感情，想把它封閉起來時，有必要反

躬自問：我怕的是什麼？我為什麼不能更自由、更真實地生活在世界上，而不是生活在偽裝的面具後？

為了你生活得更快樂，更有意義，請摘下你的臉譜，重視你的內心，並做到以下幾點：

◆ **1‧信任他人**：如果你對新結識的人表現冷淡，這往往意味著你對人的信任感、孩子般天真的直覺已被自我封閉的重壓毀滅了。那麼，你就不會從你周圍的人群中獲得樂趣。

  這時，你應該放鬆自己緊張的生活節奏，不妨和初次見面的人打打招呼；或者在你常去買東西店裡和店員聊聊天；或者和剛結識的新朋友一道參加郊遊。可努力尋找童年時交友的感覺，信任他人和你自己，而不要每時每刻都疑寶叢生。

◆ **學會對自己說「沒關係」**：孩子們常常發出輕鬆愉快的笑聲，他們的煩惱從不悶在心裡。我們常常會被生活中各式各樣傷腦筋的事壓得喘不過氣。其實，生活中果真有那麼多的煩惱嗎？許多事並沒有什麼大不了的，只是我們把它放大了而已。我們要學會對自己說「沒關係」，這樣，我們的生活裡就會常常充滿開懷的笑聲。

◆ **順其自然地去生活**：不要為一件沒按計畫進行的事而煩惱，不要為某一次待人接物的禮貌不夠周全而自怨自艾。如果你對每件事都精心策劃，以求萬無一失的話，你就不知不覺地把自己的感情緊緊封閉起來了。你生活得太累太緊張，甚至已經忘記了自己小時候是什麼樣子了。

應該重視生活中偶然的靈感和樂趣，快樂是人生的一個重要價值標準，有時能讓自己高興一下就行，不要整日只為了一個明確的目的，或為解決某一項難題而奔忙。

內向者要鍛鍊自己的口才

有一位不善言辭性格內向的祕書，因為口才的缺陷失去一個發展的機會。原來公司招聘的門檻有筆記及口試兩項，他書面考試成績是別人無法比的，加上他在相關產業工作多年，有經驗也有能力，完全有條件勝出。但誰也沒料到，他在面試時，竟然會腿直顫抖，講不出話來，最後還滿頭直冒冷汗！

究其原因，是他平時只注意埋頭處理文件，不注意口才鍛鍊，再加上心理壓力造成的。生活中，那些口才不佳者，大都為性格內向、沉默寡言的人。他們聽得多，說得少，缺乏和別人交流的勇氣。

笨嘴拙舌在以往是老實、憨厚的表現，會獲得大眾的好感。而在當今的訊息時代，內向者那種不願意與他人往來，「躲進個樓成一統，管他冬夏與春秋」的態度和行為，已經與時代的要求越來越不協調了。

內向者要改變自己嘴笨，不愛說話的形象，就要大膽去說，在生活中磨練自己的口才。當然，好口才不是一蹴可幾的，需要掌握一定的方法，並不斷豐富自己的知識庫。下面是培養口才的幾種方法，希望可以給你一些借鑑：

- ◆ **要對自己有信心**：性格內向的人常常這樣埋怨「我從小就內向」，「我不敢當眾講話」、「我說不好」……不！你實際上比自己想像的要強，在你身上，有尚未開發的潛能，只不過你束縛了自己，沒有發掘出來。無數事實證明，每一個成功者都不會過分否定自己，在他們臉上看到的只有信心。這種信心給他們以神奇的力量，使他們百折不撓。

- ◆ **掌握語言的風格**：語言有各種風格 —— 大眾的風格、藝術的風格、科學的風格和公司的風格。你的風格多半由生活環境決定，在面對不

同的交談對象時，你應該適當選擇。和不同的人說話，要注意自己的語言方式，比如說，和老師交談，要顯示出你對老師的敬重，和好朋友交談，一定要學得幽默一些。

◆ **發揮自己的語言優勢**：每個人都有自己的語言優勢，有的人以思想性取勝，說話富於哲理，含義深刻；有的人以邏輯性取勝，層次分明，條理清晰；有的人以情感取勝，富於感染力，以情動人；有的人以聲調取勝，抑揚頓挫，引人注意。因此，你應當了解自己的特長，發揮自己的優勢。

◆ **事先準備話題**：事先準備幾個話題，以備「冷場」時用，這是避免尷尬的方法之一。準備話題要考慮到對方的情況，對方關心的問題、自己關心的問題、雙方關心的問題等都是活躍氣氛、引人入勝的討論話題。

◆ **替自己制定一個訓練計畫**：在開始的一個月裡，你不妨先做這樣幾件事：每次讀報，把最重要的或最有趣的消息告訴一兩個人；跟三四個人話家常；和朋友討論一下共同感興趣的電視節目和電影、戲劇。月底檢查執行情況，看看表達能力是否有所提高。提高了，再進一步訓練「獨白」能力、即興講演能力。如果提高不理想，就要繼續訓練複述和隨機交談的能力。鼓足勇氣去實現這個計畫，你的表達能力一定會不斷提高。

讓內向者學會講話，讓他們鍛鍊良好的口才，他們就可以慢慢地變得開朗，從而告別內向的煩惱。但丁·阿利吉耶里（Dante Alighieri）說：「語言作為工具，對於我們之重要，正如駿馬對騎士的重要。」因此，內向者千萬別讓自己再沉默了，快去鍛鍊自己的口才吧！

▌內向求職者如何脫穎而出

性格內向的人，在求職中經常會吃虧。

一日，小張陪室友小王參加應徵，小張性格外向，早就找到了一份好工作，而小王性格內向，到現在工作還沒著落。這時，某公司的一個文職崗位吸引了不少文科生排隊投履歷，小張連忙叫來小王前去應徵。

小王靦腆地遞上履歷後，應徵方看了看履歷說：「履歷很簡單，但缺乏特點。學中文的那一定會寫，有沒有作品發表？」

小王不好意思地說：「平時發表了幾篇，忘記整理了……」

看小王著急的樣子，應徵方也沒有多問什麼，只是給小王一點建議：「學中文的，就要會寫，會說。履歷要做得與眾不同，要針對不同的公司、崗位做不同的履歷，不能千篇一律，要有針對性。初次見面，面試者只能透過履歷、作品來了解你的能力。」

小王很沮喪，在那裡默默地低著頭。這時，開朗的小張忙來解圍，他對應徵方說：「貴公司文職職位所需要的人才，正好和小王所學一致，要是沒有猜錯，進去後就是寫寫文案，處理一些日常事務，做做宣傳，他能勝任這樣的工作。」

應徵方見小張這麼能說，就問：「你也是學中文的？」

小張說：「是的，我和小王科系相同。小王比我更優秀，只是我外向一點。」

後來的結局竟是，應徵方看上了小張，打算錄取他。但小張已經找到了工作，因此婉拒了對方的要求。即便這樣，對方也沒有錄用小王，因為他太內向了。

在生活中，許多人很有能力、做事也踏實，但由於性格內向的原因，

他們不善於表達自己的想法，以至於在面試時難以博得主考官的青睞。以下幾種方法希望能幫助內向者在面試過程中順利過關。

重述重點，補強口才劣勢

在面試過程中，如果遇到沒有事先準備過、思考過的題目，下面有一些小技巧可以幫你渡過難關：

- 把對方的重點問題重述一遍，這樣可以避免答非所問的尷尬情形。
- 肯定主考官所提的問題是個很好、有深度的問題，並向對方說明「為了能完整呈現自己的想法，希望能有時間思考一下」。
- 思考時可以用條例式的方法，想出回答的重點，並在回答結束後，再以條例的方式重述回答的重點。
- 準備相關的文件，在面談時可以拿出來補充、證明。如以前做過的專案報告、企劃書，除了增強說服力，還可以展現自己做事善於規劃、有條理的一面。
- 當「狀況題」出現時，千萬不要害怕。有很多問題其實沒有正確答案，對方想知道的是你的想法和理由，以及你的思考邏輯。
- 可以事先準備一段自我推銷的說辭。當面試進入尾聲，若有些優點還沒有機會表達的話，可以主動向對方表示「有些事情我想多讓您了解一下，不知可否給我幾分鐘加以說明？」然後利用爭取到的時間，把自己推銷出去。

真誠，是最大的加分

除了上面的一些建議，內向者在面試的過程中，一定要以真誠為原則，這樣才能讓主考官覺得你是一個腳踏實地、不驕傲，能認真做事情的人。所謂的真誠，就是知道什麼、就說什麼，同時也不避談自己的缺點。

有很多求職者不敢坦承自己的缺點，就會說「我的缺點就是優點太多、沒有缺點」，這樣誇大地修飾自己，顯得很不真誠。如果內向求職者能坦誠說明自己的性格特點，把自己改變性格弱點的決心告訴對方，如此真誠地分析自己的一切，會讓對方感覺你很實在，能給對方一個良好的印象。

在細節中取勝

對於經驗豐富的主考官來說，你的口才再好，把自己說得再完美，對方也不會完全聽你的。主考官會在細節中觀察你的表現，你無意間表現出的小動作才是他們觀察的重點。在這方面，內向者有優勢，他們心細，很注意自己的一舉一動。

舉例來說，提早五分鐘到達面試公司，可以顯示做事認真的態度；面試時坐姿稍微前傾，表現出願意傾聽的意願；面試結束時，主動詢問後續的流程，也能代表自己有追蹤進度的好習慣。這些從行為中無意間透露出來的訊息，遠勝過千言萬語。

性格內向的人容易在面試中遇到挫折，但只要他們對自己充滿信心，掌握一定的方法，並發揮自己的性格優勢，一定有機會找到一份好工作。

▌優化內向性格的幾點建議

無論是外向型還是內向型性格，都具有各自的優點與缺點。在這裡，我們將告訴內向型性格的人如何優化自己的性格，使其更加完善。

◆ **要培養廣泛的興趣愛好**：興趣彷彿是一條紐帶，會把有共同愛好的人連接起來，從而提高人際交流的融洽程度。廣泛的興趣會讓人將整個身心投入到活動之中，從而減輕自己的孤獨感，同時會使人的不良情緒在興趣活動中得到充分的轉移和宣泄。

◆ **多參加社交活動和集體活動**：作為內向者，必須改變原有孤獨、單調的生活方式，應多結識幾個新朋友，尤其應多接觸那些心胸開闊、性格開朗的人。透過參加團體活動，不僅可獲得歸屬感，而且還能在潛移默化中逐漸形成開朗、幽默、直爽的外向性格特徵。

多接觸人，多與人交流，將有利於改變內向的性格弱點。一個足不出戶，不與別人交流的人，又怎麼能獲得別人的友誼呢？人只有融入到大集體中，才會獲得朋友，才會擁有愉悅的心情，才會學到很多有用的東西。

◆ **與人交流，求同存異，要多一分寬容**：每個人的性格不同，生活背景與文化修養都不同，所以在交流中，人與人之間難免會有意見不統一、話不投機的時候，甚至會產生矛盾。面對這些問題，要求同存異，多一分寬容。這樣，別人才容易接受你，願意與你交流，這對於內向型性格者完善自己的性格也是很有好處的。

◆ **不要太看重別人對自己的評價**：內向者不愛參加團體活動，往往是因為害怕出醜，怕自己的一舉一動成為別人談論的話題，所以他們用迴避交流的方式來保護自己的自尊。實際上，每個人都生活在別人或好或壞、或褒或貶的評價中，而且，多數情況下，人們喜歡評價別人的不足之處。因此，對別人的評價要看得開，既不為別人的讚揚而過分歡喜，也不為別人的貶低而自卑，而應該做到「有則改之，無則加勉」，始終保持一種平和的心態，泰然處之。

◆ **不過分追根究柢**：內向的人心細，討厭做事敷衍了事、含含糊糊，什麼事情都想弄清楚。這是值得尊重的品格，應該保持，但如果抓住一件小事死死不放，而忽略了更重要的事情，損失就大了。在弄清某一事件時，請不要一味追究到底，在與人交流方面，如果過分追根究

    牴，別人會覺得你很麻煩。在工作上，如果過於追究某人的失敗、錯誤和責任，也會招致對方怨恨或故意的牴觸與反擊，所以，應該對此予以注意。

◆ **要尊重和信任他人**：在交流中，只有尊重和信任他人的人，才能贏得別人的尊重和信任，成為受歡迎的人。反之，驕傲自大、目中無人，或對人疑心重重，都是不受歡迎的。所以，內向者在交流中要尊重和信任別人，這樣才有利於和諧的人際關係。

◆ **應發揮內在的獨特風格**：內向型的人，常常蘊藏著內在的獨特風格。不少內向型的人具有溫和、風趣、優雅、細緻、高尚、純真、虔誠，甚至神祕等特質，應努力讓這些特質發光，還應知道自己的這些內在特質是寶貴的財富。

◆ **要體會和觀察別人的需求**：由於興趣愛好的差異，你喜歡的可能別人不喜歡，別人喜歡的你偏偏不喜歡。因此，在人際交流中，若能站到對方的位置上，設身處地替別人想想，就可以減少誤會和不愉快的衝突。例如，當你發現別人嫉妒你時，你一定會很反感，但你若想想，假如別人超過了你，你是不是也會嫉妒別人？想到這些，不快之感就會煙消雲散，甚至還會因此激起你的自豪感，增強自尊心與自信心。

▎小測試：你是內向還是外向型性格

    下面是一個測試，看看你是內向還是外向。在填寫答案時，請看清每句話的意思，然後作出回答 —— Y 代表符合你的情況，N 代表不符合你的情況，W 代表不確定 —— 以代表該句話與你現在對自己的看法相符合的程度。

測試問題

1. 我不敢在眾人面前大聲說話。

2. 我能夠做好領導者的工作。

3. 我經常會猜疑別人。

4. 受到讚美後我會工作得更努力。

5. 我希望過平凡、輕鬆的生活。

6. 我從不考慮自己幾年以後的事情。

7. 我讀書很慢，力求完全看懂。

8. 我做事勤快，但顯得很粗糙。

9. 我經常分析自己、研究自己。

10. 生氣時，我總不加抑制地把怒氣發洩出來。

11. 在人多的場合我總是力求不引人注意。

12. 我不喜歡寫日記。

13. 我待人總是很小心。

14. 我是個不拘小節的人。

15. 我與自己不喜歡的人也能交流。

16. 我常會一個人胡思亂想。

17. 我喜歡經常變換工作。

18. 我常常回憶過去的生活。

19. 我很喜歡參加團康活動。

20. 我總是三思而後行。

21. 使用金錢時我從不精打細算。

22. 我討厭在我工作時有人在旁邊觀看。

23. 我始終以樂觀的態度對待人生。

24. 我總是獨立思考回答問題。

25. 我不怕應付麻煩的事情。

26. 對陌生人我從不輕易相信。

27. 我幾乎從不主動制定讀書和工作計畫。

28. 我不善於結交朋友。

29. 我的意見和觀點常會發生變化。

30. 我很注意交通安全。

31. 我有話藏不住，總想對人說出來。

32. 我常有自卑感。

33. 我不太注意自己的服儀是否整潔。

34. 我很關心別人對我有什麼看法。

35. 和別人在一起時，我的話總是比別人多。

36. 我喜歡獨自一個人在房內休息。

37. 我的情緒很容易波動。

38. 我覺得腳踏實地地做事比探索理論原理更重要。

39. 我很注意同伴們的工作或課業成績。

40. 比起讀小說和看電影，我更喜歡郊遊和跳舞。

41. 買東西時，我常猶豫不決。

42. 看到房間裡雜亂無章，我就靜不下心來。

43. 遇到不懂的問題，我就去問別人。

44. 旁邊若有吵雜聲我就無法靜下心來讀書。

45. 我的口語表達能力還不錯。

46. 我是個沉默寡言的人。

47. 在一個新的環境裡我能很快熟悉。

48. 與陌生人打交道常使我感到很為難。

49. 我常會高估自己的能力。

50. 我無法忘記自己的失敗。

計分方法

題號為單數的題目 Y 計 2 分，N 計 0 分，W 計 1 分；題號為雙數的題目 Y 計 0 分，N 計 2 分，W 計 1 分。最後將各題的分數相加，其和就為你的性格傾向指數。

總分在 0 ～ 19 分的屬內向，10 ～ 39 分為偏內向，40 ～ 59 分的屬中間型，60 ～ 79 分的屬偏外向，80 ～ 100 分的屬外向。

第八章
優柔寡斷的人一事無成

第八章 優柔寡斷的人一事無成

機會往往如電光火石，稍縱即逝。抓住了，你就是勝利者；錯過了，你就是失敗者。當年，項羽在鴻門宴上一時猶豫沒有除掉劉邦（後來想動手時劉邦已經不辭而別了），釀成後來兵敗自刎的可悲結局。另一個例子是「玄武門之變」，李世民在形勢非常緊急與紛亂時，搶先兄長李建成與弟弟李元吉下手，終成一代明君。

莎士比亞在《哈姆雷特》中寫道：「重重的顧慮使我們全變成懦夫，決心的熾熱光彩，被審慎的思維蓋上了一層灰色。偉大的事情在這種考慮下，也會逆流而退，失去了行動的意義。」

很多人之所以一事無成，最大的毛病就是缺乏勇於決斷的魄力，總是左顧右盼、思前想後，從而錯失成功的最佳時機。成大事者在看到事情的成功可能性到來時，勇於做出重大決斷，因此取得先機。

優柔寡斷的人必須記住一個淺顯的道理：一直站在河岸站立不動的人，即使過了一百年也無法渡登彼岸！

有一頭飢餓至極的毛驢，終於找到了食物。

在牠左右兩側，分別有兩堆新鮮美味的草料。到底先吃哪一邊的草料呢？面對兩堆相同份量、同樣新鮮的草料，這隻驢子失去了主張。

飢餓的驢子站在兩堆草料中間，一下朝這邊走，但走幾步又返回朝那邊走。然而，朝那邊走不了幾步，又返回來朝這邊走……牠忽左忽右、始終猶豫不決，結果活活被餓死了。

這個故事是十四世紀時法國經院哲學家布里丹（Jean Buridan）講的，後來人們把故事中的可憐驢子叫「布里丹驢」，並用「布里丹驢」來喻指那些優柔寡斷的人。在決策中猶豫不決、舉棋不定的現象，則被稱為「布里丹效應」。

▌舉棋不定，人生大忌

　　世間最可憐的，就是那些遇事舉棋不定、猶豫不決，經常在人生歧路上徬徨不知所措的人。這樣的人對自己沒有信心，不敢大膽抉擇，只會聽從別人的意見；這種人缺乏勇氣、意志不堅，既不相信自己，也得不到別人的信任。

　　有些人甚至優柔寡斷到了無可救藥的地步。他們不敢決定任何事情，因為他們不知道自己的決定究竟是好是壞，唯恐今天決定這樣，明天卻發現這個決定是錯誤的，而讓自己後悔莫及。

　　向左走，向右走？十字路口莫徘徊。一頭愚蠢的驢子，在兩堆青草之間徘徊拿不定主意，最終在徘徊中餓死。

　　上面的寓言有所誇張。在現實生活中，給人選擇的道路往往籠罩在一層迷霧當中：向左走可能是一座獨木橋，但獨木橋的終點可能是鮮花與掌聲；向右走可能是一條平坦之途，但旅程的終點卻可能是一片荒漠。太多的不確定因素讓許多人不敢做出選擇，任由時間飛逝，最終蹉跎歲月，一事無成。

　　有位婦人，她要購置某一件物品，簡直要跑遍城中所有出售那種物品的店鋪。她要從這個店鋪跑到那個店鋪，她要把每件貨物放在櫃子上，反覆審視，反覆比較，但仍然不能決定到底要買哪一件。她連自己也不知道，究竟哪一件物品她才滿意。假使她要買一頂帽子或一件衣服，她簡直要把店鋪中所有的帽子、衣服都試戴、試穿過，並問得店員厭倦不堪，但結果還是空手回家，買不成東西！

　　她所需要的農帽，是要溫暖的，但同時又不可過於溫暖，或過於沉重。她所需要的衣帽，是那種晴雨咸宜，冬暖夏涼，水陸皆合，上劇院、禮拜堂都能配穿的衣帽。即便她購了一件物品，她仍然沒有把握，究竟她是否買錯了，她還是不能決定，究竟應否將物品退回更換。她購買一件東

西，少有不更換兩三次以上的，但結果還是不能完全使她滿意。

這種性格於一個人的品格和人生發展，是一個致命的弱點。具有此種弱點的人，從來不會是有毅力的人。這種弱點，可以打破一個人對於自己的信賴，可以降低他的評判力，並有害於他的精神健康。

作為想有一番作為的人，對於一切事，你都應該胸有成竹，讓你的決斷堅定、穩固得如海底的水一樣，不被情感意氣的波浪震盪，不被別人的批評意見及種種外界的侵襲打動！

敏捷、堅毅、決斷是一切的力量，假使你沒有敏捷與堅毅決斷的習慣或能力，你的一生將如一葉海中飄蕩的孤舟，你的生命之舟將永遠漂泊，不能靠岸，時時刻刻都在暴風猛浪的襲擊中！

從某種意義上說，一次錯誤的決斷也比沒有決斷好得多！

假使你有著寡斷的習慣或傾向，你應該立刻奮起撲滅這個惡魔，因為它足以破壞你的種種機會。假使事件當前，需要你的決定，則你應在今天決定，不要留待明天。你當常常練習做敏捷而堅毅的決定；事情無論大小，不管是帽子顏色的選擇，或衣服式樣的決定，你絕不應該猶豫。

謹慎絕不是舉棋不定、優柔寡斷的藉口。在你要決定某一件事之前，你固然應該將那件事情的各個方面都顧及到，在下斷語以前，你固然應該運用你的全部經驗與理智做你的指導，但是一經決定之後，你就應當讓那個決定成為最後的！不應再有所反顧，不應重新考慮。

練習敏捷、堅毅的決斷，從而養成習慣，那時你真要受惠無窮。你不但對你自己有自信，而且也能得到他人的信任。在一開始，你的決斷雖不免有錯誤，但是你從中得到的經驗和益處，足以補償你蒙受的損失。

一天有 1,440 分鐘，如果你抽出百分之一的時間（14 分鐘）從事決斷，你會驚奇地發現：你達到目標的速度連自己也不敢相信。

▌果敢決策，勿失良機

一個沿街流浪的乞丐每天總在想，假如我手頭有 1,000 元就好了。一天，這個乞丐無意中發現了一隻很可愛的流浪小狗，乞丐發現四周沒人，便把狗抱回到他的住處拴了起來。

這隻狗的主人是本市有名的大富翁。丟狗後這位富翁十分著急，因為這是一隻純正的名犬。他以各種形式發出尋狗啟事：拾到者請速還，即付酬金兩萬元。

第二天，乞丐沿街行乞時，看到這則啟事，便迫不及待地抱著小狗準備去領那 2 萬元酬金，可當他匆匆忙忙地抱著狗路過貼啟事處時，發現啟事上的酬金已變成了 3 萬元。原來，大富翁找不到狗，把酬金提高到了 3 萬元。

乞丐幾乎不相信自己的眼睛，腳步停了下來，想了想又轉身將狗抱回重新拴了起來。第三天，酬金果然又漲了，第四天，第五天，直到第七天，酬金漲到了讓市民都感到驚訝的數字時，乞丐才想起跑回去抱狗，小狗卻死了。最終，乞丐還是乞丐。

其實，好多美好的東西並不是我們無緣得到，而是期望太高。期望太大，反而會騎虎難下。而今，有類似乞丐心理的人不在少數。譬如炒股，誰都知道要低進高拋，卻常常忘了該出手時就出手，漲了還想漲，跌了還望跌，夢想一口吃成大胖子。當斷不斷，做決策時為時已晚，結果功虧一簣。

很多人之所以碌碌無為，原因之一就是缺乏決斷，總是左顧右盼、思前想後，以致錯失鯉魚跳龍門的最佳時機。在看到機會若隱若現的影子時勇於做出重大決斷的人，會取得成功的先機。

第八章　優柔寡斷的人一事無成

在猶太人中流傳著一句格言：人的一生中，有三種東西不能使用過多，做麵包的酵母、鹽和猶豫。酵母放多了麵包會酸，鹽放多了菜會鹹，猶豫過多則會喪失賺錢和揚名的機會。

雷‧克洛克（Raymond Albert "Ray" Kroc）是美國的一個推銷員，他幾乎跑遍了美國所有的城市。對他來說，推銷是一件駕輕就熟的事情。跟公司裡其他職員比，克洛克的收入是最高的。別人都很羨慕他的推銷天才，甚至很多推銷人員都以他為榜樣。

可是突然有一天，克洛克宣布放棄推銷員工作，準備進軍速食業。同事們均不理解：好好的工作，為何要放棄？克洛克微微一笑，他並沒有過多解釋，便告別了原來的公司。

其實，克洛克自己已經有了主意。因為他得到一個消息：以速食為主業發展的麥當勞兄弟想物色一個合適的人選，以幫助他們解決因餐廳發展而帶來的麻煩。

第二天克洛克拜訪麥氏兄弟。經過商議，他取得了發展全國連鎖業務的權利。急於投入的克洛克接受了一份苛刻的合約，合約規定：連鎖權利費用為 950 美元，克洛克只能抽取連鎖店營業額中 1.9% 的費用來做服務費，而其中的 0.5% 是給麥氏兄弟的權利金。

隨著克洛克在速食業中的發展，麥氏兄弟的阻礙越來越明顯。由於麥氏兄弟目光短淺，克洛克的連鎖原則得不到徹底的發展。貪婪的麥氏兄弟從克洛克僅為百分之一點九的服務費中拿走百分之零點五的權利金，使得麥當勞的發展嚴重缺少資金，無法壯大。

麥氏兄弟的做法使克洛克無法容忍，一天，他直截了當地對老闆們說：「你們再這樣做，速食店最終會關門的。」麥氏兄弟望著克洛克，笑道：「現在不是很好嗎？」克洛克大聲叫道：「那是因為有我的緣故！」麥

氏兄弟點點頭，然後又笑道：「如果你嫌我們礙手礙腳，那你買走好了。」

克洛克此時也正有此意，便說：「好，你們開個價吧。」麥氏兄弟半信半疑地瞪著他，繼而又笑了，說：「你買不起。」「開價吧！多少？」克洛克被貪婪的麥氏兄弟惹火了。「270萬」麥氏兄弟說，「而且是美金。」克洛克呆住了。270萬美元？這是一個天價！

「你可以不買，但是機會只有一次，三天以後，所有報紙上會出現麥當勞連鎖權出讓的訊息，到時候自會有大批人前來購買。」

看來，這一次麥氏兄弟是真的要賣掉連鎖權了。怎麼辦？克洛克又一次面臨抉擇：是買下來？還是離開？

如此高價令克洛克震驚，但是他不得不接受這個數字。經過一天一夜的思考，他最終敲開了麥氏兄弟的辦公室。五年後，克洛克還清了貸款，而麥氏兄弟被徹底趕出了速食業。

克洛克不僅善於把握機會，而且善於創造機會。在他的策劃下，麥當勞永遠是社會關注的熱點，他為自己贏得財富的同時也贏得了無比的聲響。

勝敗的差別往往只在一步之間。機遇人人會碰到。把握時機，果斷決策，則是一個成功者或未來成功者應有的素質。

▎堅持自己認定的事

美國第三任總統傑佛遜說過「當你有一個偉大的主意時，就趕快決斷吧！」這位和華盛頓一起領導美國人取得獨立的卓越人士自己也是這樣做的。當你的認定了一件事，趕快付諸行動，努力探索，成功的希望至少有50％；但如果你的好主意和奇妙構想只停留在嘴上，成功的機會連1％也沒有，只有那些認定方向、積極行動的人，才能改變自己的命運，擁有大筆的財富。

第八章　優柔寡斷的人一事無成

著名的松下電器創始人松下幸之助就是一個能果斷抉擇的人。1910 年 10 月，松下幸之助進入一家電燈公司，擔任一名安裝室內電線的實習工。他在七年後辭職，自己開設工廠，製造電燈燈頭，終於發展成為日本乃至全世界第一流的家庭電器用品製造廠家。出身貧寒的松下幸之助是怎樣白手起家的呢？

日本明治維新以後，歐美各國新的交通工具與先進技術都逐漸進入日本。電車是其中最引入注意的交通工具之一，松下透過預測、推想和分析認為各線電車一旦完成通車，腳踏車的需求就會減少，將來這種行業不太樂觀。相反，與電車相關的電氣事業因為能滿足人們的迫切需求，日後一定能興盛起來。

由於具有敏銳感和對事物發展方向的正確預測，松下才能不被過去與現在的事務所羈絆，才能隨時隨地表現出決斷能力來。這是松下幸之助成功的重要因素之一。

於是，松下毅然辭去了人人羨慕的腳踏車店的工作，來到大阪電燈公司當一名內線實習工。儘管他對電的知識一竅不通，但由於這是他興趣所在，所以學起來得心應手，他很快便掌握了安裝和處理技術，成為熟練的獨立技工。由於工作出色，1911 年，松下晉升為工程負責人。

在工作中，松下改良並試製出了新產品，而上司卻對此態度冷淡，松下為自己的發明遭到冷落感到惋惜和不服，產生了挫折感。他感覺到，即使在自己嚮往的電燈公司工作，也不能使自己的志向和才能得到充分施展；唯一的辦法是，另立門戶自己創業。於是他在大阪市一個地方租了一間不到 10 平方公尺的房間，開辦了一家工作室，員工共有五人，包括松下夫婦及弟弟井植歲男（後成為三洋電機公司的創始人），產品便是松下發明的新式電燈插口。這就是聞名全球的松下電器公司的雛形。

工廠成立後，松下面臨的卻是失敗。1917 年 10 月，電燈插口製作成功，但十天內僅賣出 100 個，營業額不足 10 日元，不僅沒有盈利，連本錢都賠光了。全家只能靠典當物品艱難度日。

但松下並沒有被眼前的困難嚇倒，因為他相信，自己的努力一定能帶來真正有價值的東西。同年年底，機會來了，川比電氣電風扇廠讓松下替該廠試制 1,000 個電風扇絕緣底盤。這對困境中的松下來說如同久旱逢甘霖。松下反覆試驗，解決了技術難題，與妻子、弟弟一起日夜奮戰，在年關迫近時如期交了貨，且品質博得好評。結果，松下在年底獲得了 8 日元的盈利。

1918 年 3 月，松下幸之助在大阪市北區西野田成立松下電氣器具製作所，從而邁出了他創業生涯中成功的第一步。經過數十年的艱苦經營，松下終於使自己的企業成為以生產電子產品為主的國際企業。公司規模在日本僅次於豐田與日立兩個公司，擁有員工約 20 萬人，資產約 500 億美元。松下幸之助從白手起家變成了富可敵國的企業家。

從松下幸之助的經歷可以看出，堅持自己認定的事做下去，儘管會遇到許多困難，但命運是公平的，付出最終有收獲。所以只要是認定的事，就別再猶豫，朝著成功的理想執著追求吧！

▍關鍵時刻要勇於拍板

猶豫不決不是謹慎的同義詞。因為謹慎是深思熟慮的表現，不敢拍板，前怕狼後怕虎，卻是平庸的代名詞。凡是成大事者，都會遇到千鈞一髮的關鍵時刻，在這個時候，不能退縮，不能無主見，要有勇於拍板的魄力，表現出非凡的盤算和決策能力。

一個人分析、判斷能力的高低，直接決定了其能力的好壞。而在當今

社會，面對瞬息萬變的訊息，捉摸不定的局勢，對一個人在分析、判斷能力上應該有更高的要求。

客觀情況往往是紛繁複雜的，我們不可能事先對其做出百分之百正確的判斷，取而代之的，在現實生活中，一個人常常遇到的是一些不確定型、風險型的盤算，這就要求你有敢想敢做、敢冒風險的精神，不能追求四平八穩，因循守舊。同時，還要有當機立斷的拍板魄力。「當斷不斷，反受其亂」。盤算是不能一拖再拖的，他需要在有效的時間地點內完成，因為正確的盤算一旦過了時間就會成為錯誤的方案。

美國第三十四任總統、世界反法西斯戰爭的傑出統帥、五星上將艾森豪在1944年6月6日諾曼第登陸戰前夜，表現出了非同尋常的當機立斷的盤算魄力，使諾曼第登陸戰役取得輝煌勝利，從而扭轉了整個戰局，沉重地打擊了法西斯勢力。登陸前夕，天氣情況惡劣，一直下著大雨，氣象學家也不能完全有把握說6月6日就能轉晴。如果天氣不轉晴，那麼空降兵將無法著陸，將會使整個登陸計畫失敗，使五十多萬士兵面臨犧牲的危險，在眾多將軍都表示遲疑不決的時候，艾森豪當機立斷，決定6月6日實行登陸，並贏得了勝利。

當機立斷的魄力是領導者必備的能力。一個人善於當機立斷，擁有敏捷的思維，才能在複雜多變的情況下，應付自如。艾森豪就是在緊急關頭能夠當機立斷，取得成功的典範。現代社會是訊息社會，訊息瞬息萬變，機會稍縱即逝，尤其是在市場經濟的今天，市場形勢變化多端，就更需要現代領導者善於抓住機遇，當機立斷，取得成功。但是當機立斷不等於盲目衝動地喊打喊殺。正確的分析、判斷才是當機拍板的首要條件。

立即拍板是勇於決斷性格的反映。世上之事往往敗於優柔寡斷，為了避免這一點，你應當在看準的前提下，勇於拍板。

做人必須要有當機立斷，臨難不慌的性格，以此來解決眼前難題。

機勇者，臨危不懼，臨難不驚，機勇沉著，鎮定自如，諸葛亮的「空城計」，即顯示出其策略家的膽略和性格。

三國時期，吳蜀兩國經常聯兵攻打魏國。這便是蜀將諸葛亮的「聯吳抗曹」政策。西元 208 年，曹操占領荊州後，統帥水、陸兩軍數十萬，揮師南下，企圖一舉消滅東吳。東吳與劉備聯軍，共同抗擊曹操。周瑜和魯肅審時度勢，指出曹操冒險用兵有四患，並親率吳軍與劉備聯軍大破曹操於赤壁（今湖北蒲圻西北），這就是歷史上著名的赤壁之戰。大戰勝利後，諸葛亮便乘機占領了荊、益兩州，協助劉備建立蜀漢政權，形成了魏、蜀、吳三國鼎立的局面，他自己也功拜丞相。西元 223 年，劉備死後，他便輔佐劉禪，主持軍國大事。

馬謖是蜀國的將領，很受諸葛亮器重，遷任為參軍。西元 229 年，諸葛亮興兵攻魏，命令馬謖督諸軍為前鋒，與魏將張郃大戰於街亭（今甘肅莊浪東南）。馬謖違背了諸葛亮的節制，指揮失宜，最後為張郃所敗。諸葛亮的興兵計畫遭到破壞，被迫退兵漢中，將馬謖下獄，死於獄中。歷史故事「孔明揮淚斬馬謖」講的就是這個歷史事實。

馬謖失街亭，諸葛亮很惱火。但魏兵在大將司馬懿的率領下，卻窮追不捨。諸葛亮畢竟是少有的政治家、軍事家，他一方面將馬謖抓捕入獄，以震軍威，以嚴軍紀，同時他又冷靜地思考對策。他想，以自己的兵力直接迎戰司馬懿，毫無勝利的希望，如果倉皇逃跑，司馬懿肯定繼續追殺，可能要當俘虜。在此千鈞一髮之際，左思右想，諸葛亮迅速做出軍事布置：急喚關興、張苞，吩咐他倆各引精兵三千，急投武功山，並鼓噪吶喊，虛張聲勢。命令張翼引兵修閣，以備走路，命令馬貸、姜維斷後，伏於山谷之間，以防不測。並命令將所有旌旗隱匿起來，諸軍各守城鋪命令

將城門大開，不要關閉，每一城門用二十軍士，脫去軍裝，打扮成一般的平民百姓，手持工具，灑掃街道。其他行人進進出出，沒有一點緊張的表現。吩咐完畢，諸葛亮自己身被鶴氅，頭戴華陽巾，手拿鵝毛扇，引二小童攜琴一張，來到城樓上憑欄而坐，然後命人焚香操琴，顯得若無其事，安然無恙，司馬懿前鋒部隊追到城下，卻不見城內一點動靜，只見諸葛亮在城樓上彈琴賞景，感到莫名其妙，「丈二金剛摸不著頭腦」，不知諸葛亮葫蘆裡賣的什麼藥，不敢貿然前進，便暫停下來，急速報與司馬懿。大將軍司馬懿以為這是謊報，便命令三軍原地休息，自己則騎馬飛馳而來，要看個究竟。果然，諸葛亮坐於城樓之上，笑容可掬，焚香操琴，悠閒自在，根本沒有什麼恐懼和驚慌的表情。

一個能當機立斷的人，才能謀大事、成大事，猶豫不決只會一事無成，最後耽誤的還是自己。

勇於拍板的人一般有三大特點：第一，在非常情況下，當斷則斷，敢作敢為，絕不猶豫；第二，工作作風雷厲風行，講究快速高效，絕不拖延誤事；第三，當情況有了變化，或發現自己的工作方法、採取的措施有錯誤時，能夠迅速停止行動，改變已做出的決定。

果斷是你邁向成功的一張關鍵牌，你是否具備果斷的素養、魄力，與你這一生能取得多大成就密切相關。

有時你需要快刀斬亂麻

古波斯老國王想選一個接替者。一天，他拿出一根打著結的繩子當眾宣布：解開此結者繼承王位。應試者眾多，但誰也解不開。一青年上前看了看，發現那是根本無法解開的死結，他不去解，而是拿刀去剁，刀落結開，眾人驚嘆不已。老國王讓人們去解解不開的結，其用意顯然是考察應

試者的機智。這個青年的思路超出眾人之處，就在於他不是費力去解，而是想如何使之「開」。用刀去剁，不只表現了智，而且顯示了膽識。

這個故事告訴我們：面臨難解的死結時，有勇無謀不行，多謀寡斷也不行，要想避免當斷不斷帶來的危害，我們需要快刀斬亂麻式的決斷，就好像你原來置身在一個嘈雜混亂的場所，忽然有人把電閘一關，一切都在瞬間歸於寂靜，使你立刻感覺神清氣爽。你發現，原來剛才的一番混亂只是幻覺，而你那認為不可終日的煩惱也頓消皆無。

關於一件事情的對與錯、是與非，不能當機立斷是很危險的。你認為有價值的、對自己有利的，就要當機立斷。你認為不符合自己利益的就乾脆不做。不論做任何事情，只要認為應該做的就去做。如果有一天不想做了，就立刻退出或另謀出路。做任何事情，優柔寡斷總是要吃虧的。何況世界上根本不存在什麼絕對的正確與絕對的錯誤。

華裔電腦名人王安博士，聲稱影響他一生的最大的教訓發生在他 6 歲之時。有一天，王安外出玩耍。路經一棵大樹的時候，突然有什麼東西掉在他的頭上，他伸手一抓，原來是個鳥巢。他怕鳥糞弄髒了衣服，於是趕緊用手撥開。鳥巢掉在了地上，從裡面滾出了一隻嗷嗷待哺的小麻雀，他很喜歡，決定把牠帶回去餵養，於是連鳥巢一起帶回了家。王安回到家，走到門口，忽然想起媽媽不允許他在家裡養小動物。所以，他輕輕地把小麻雀放在門後，走進室內，請求媽媽的允許。在他的苦苦哀求下，媽媽破例答應了兒子的請求。王安興奮地跑到門後，不料，小麻雀已經不見了，一隻黑貓正在那裡意猶未盡地擦拭著嘴巴。王安為此傷心了好久。從這件事裡，他得到了一個很大的教訓：只要是自己認為對的事情，絕不可優柔寡斷，必須馬上付諸行動。

拳擊臺上正進行著一場惡戰，波特與基恩正為拳王的榮譽而戰，基恩

最後獲得了勝利。他在領獎臺上說了一句名言，至今令人回味：作為拳手，最忌諱的是優柔寡斷，看準了重重的一拳打過去，那是最好的選擇。的確，在拳臺上是沒有退路的 —— 不給優柔寡斷者留下任何一個可以逃脫之路！

現實生活中，最可憐可嘆可悲的是那些一直遊蕩在思索中徘徊不定的人。他們想上進，但他們不能使自己像火石一樣不屈不折地直向目標、夢想飛去！總會在半途中遇到棘手問題時猶豫不決而耽誤了解決問題的最佳時機！

有人喜歡把重要的問題留在一旁，等以後慢慢有機會再去好好解決。這實在是很糟糕的習慣。假如你有這種習性，應趕緊花大力氣，下苦功去習得敏捷而有決斷力的本事，無論你面對的問題是多麼的重大，多麼需要你瞻前顧後，深思熟慮，你也不能沉浸在優柔寡斷之中……或許，你的決斷難免有錯，但是你從中得到的經驗與好處足以補償你蒙受的損失。

▎小測試：你的決斷力如何

你的決斷力如何呢？

你的主觀結論也許並不見得與真實情況相符 —— 有幾個優柔寡斷的人能意識到自己的性格缺陷？他們或許還在為自己的「謹慎」與「穩重」而沾沾自喜呢。

下面，我們將提供一份相對客觀的小測試，你不妨花幾分鐘來「照照鏡子」，看看「鏡子」中的自己，到底是副什麼模樣。

測試題目

1. 在急需做出決策的時候，你是否會想：「再讓我考慮一下吧」？

   A. 經常　B. 有時　C. 很少　D. 從來不

2. 你是否這樣說「這件事得慎重考慮」？

   A. 經常　B. 有時　C. 很少　D. 從來不

3. (3) 你是否為避免冒犯某個或某幾個有相當實力的客戶，而有意迴避關鍵的問題，甚至表現得曲意奉承呢？

   A. 經常　B. 有時　C. 很少　D. 從來不

4. 你是否無論遇到什麼緊急任務，都先處理掉你自己的日常瑣碎事務呢？

   A. 經常　B. 有時　C. 很少　D. 從來不

5. 你非得在龐大的壓力下才肯承擔重任？

   A. 經常　B. 有時　C. 很少　D. 從來不

6. 你是否無力抵禦或預防妨礙你完成重要任務的干擾和危機？

   A. 經常　B. 有時　C. 很少　D. 從來不

7. 你在決定重要的行動和計畫時，常忽視其後果嗎？

   A. 經常　B. 有時　C. 很少　D. 從來不

8. 當你需要做出很可能不得人心的決策時，是否找藉口逃避而不敢面對？

   A. 經常　B. 有時　C. 很少　D. 從來不

9. 你是否總是在晚上才發現有重要的事沒辦？

   A. 經常　B. 有時　C. 很少　D. 從來不

10. 你是否因不願承擔艱巨任務而尋求各種藉口？

    A. 經常　B. 有時　C. 很少　D. 從來不

11. 你是否常來不及躲避或預防困難情形的發生？

A. 經常　B. 有時　C. 很少　D. 從來不

12. 你總是拐彎抹角地宣布可能得罪他人的決定？

A. 經常　B. 有時　C. 很少　D. 從來不

13. 你喜歡讓別人替你做你自己不願做而又不得不做的事嗎？

A. 經常　B. 有時　C. 很少　D. 從來不

計分方法

選 A 得 4 分；選 B 得 3 分；選 C 得 2 分；選 D 得 1 分。全部得分相加即為總分。

測試結果

總分 50 分以上說明你是個十足的優柔寡斷者，決斷力極度欠缺；

總分 40～49 分，說明你不算俐落，應徹底改變拖沓、低效率的缺點；

總分 30～39 分，說明你在大多數情形下能充滿自信地做出決策，但有時猶豫不決，不過沒關係，有時候猶豫也是成熟穩重和深思熟慮的表現；

總分 15～29 分，說明你是一個高效率的決策者，很有成功者的潛能。

第九章
剛愎自用的人易跌倒

第九章　剛愎自用的人易跌倒

剛愎自用的含義很清楚：頑固、偏執、一意孤行、拒絕接受他人的意見……

剛愎自用這個詞，絕對是個貶義詞，因而誰都不希望自己有這個毛病，誰都不希望被人指責自己有這個毛病。這個詞也比較特殊——普通人還夠不太著，一般都是用在「有頭有臉有身分的人」身上，都用在那些對某一領域或某一方面比較精通的權威人士身上。越是有權勢的人，若是犯了這個毛病，麻煩就越大。為它，本來可以成功的事會搞得一團糟；為它，原本很有威望的人會身敗名裂；為它，甚至會導致禍國殃民的可怕後果。

「剛愎自用」這個成語出自《左傳·宣公十二年》。春秋魯宣公十二年時，楚國出兵攻打鄭國，晉國於是派荀林父等人率軍前往援助鄭國。當晉軍正要渡河時，卻聽說鄭國已經和楚國講和，統帥荀林父在分析形勢後，認為不能輕率地進軍與楚國交戰，因此就打算撤兵回國。然而大將先縠卻不聽指揮，自行率領軍隊渡過黃河，去追擊楚軍。

荀林父發覺後，已無法阻止，只好下令全軍前進。楚王聽說晉軍已經渡河追來，原本打算退兵，令尹孫叔敖也有相同的看法，就命令軍隊繼續南撤回國。但是大夫伍參卻力勸楚王應該出兵與晉軍交戰，他說：「晉軍的荀林父才剛新任統帥，威信不高，而將軍先縠做事剛愎，不聽指揮，其餘將領也都意見不一，使得部下無所適從。這時若是楚軍出戰，必定可以勝利。」楚王聽了伍參的話，就下令停止撤退，回師北進，迎擊晉軍，果然打敗了晉軍。

從典故中可以看出，先縠的剛愎自用導致了晉軍的失敗。在生活中，如果不去克服剛愎自用的毛病，它將會對你的人生產生不利影響，讓你失去一次次的機遇，更會破壞你的人際關係，讓你變成一個孤家寡人。

▌是什麼毀了西楚霸王

讓我們將目光投向那遙遠的秦末亂世。亂世中，有兩位人物不得不提，一是項羽，一是劉邦。與劉邦相比，項羽不僅出身名門，而且武功高強。但正是這個藝高膽大的貴族之後，卻被出身白屋的流民劉邦所敗。

縱觀西楚霸王項羽跌宕輝煌的一生：生逢亂世，相機而起；勇冠三軍，叱吒風雲；引兵北上，逐鹿中原；問鼎咸陽，裂土封王……曾一度左右過歷史的進程，最終卻因他自身難以克服的性格弱點釀就了他的人生悲劇。隨著烏江渡口的那一道長劍血光，項羽的悲劇命運畫上了一個令人遺憾的句號。「生當作人傑，死亦為鬼雄；至今思項羽，不肯過江東。」李清照在她的〈夏日絕句〉是這樣憑弔西楚霸王。

項羽的性格弱點很多，如我們在第八章裡所提到的「優柔寡斷」，導致他在鴻門宴上痛失良機。除此之外，剛愎自用也是這位蓋世英雄身上的明顯弱點。項羽的性格弱點貫穿了其一生的始終，但他似乎並無意加以改變，這對一個有著遠大抱負和理想的英雄來說，是他的致命傷。項羽的成長過程，只是一部勇猛成長史，忽略了對更高層次人格的追求和塑造。有人曾這樣說：「項羽的失敗是必然的，還是偶然的？應當說，項羽政治上幼稚，軍事上被動，性格上剛愎自用，他的失敗是必然的。」

我們都知道，韓信這個人是一個不可多得的軍事天才。韓信投奔劉邦，可謂項羽的一個巨大損失。韓信一開始是跟著項梁，項梁死後歸了項羽。他在項羽手下兢兢業業，獻過不少建議，但從來沒有引起項羽重視。良禽擇枝而棲，一腔抱負無從施展的韓信被迫轉投劉邦。後來，在劉邦旗下的韓信攻占了齊國以後，項羽派人去遊說他，勸這個曾經的下屬要麼叛漢自立，要麼叛漢歸楚，要麼中立。韓信當時說了這麼幾句話：「臣事項王，官不過郎中，位不過執戟，言不聽，話不用。」意思是我韓信當年在

您項羽手下做事，官位最高的不超過郎中，職位只是執戟，說話不為項王
所聽，獻計不為項王所用。言下之意，我的價值在你那裡得不到展現，我
不會再歸在你門下。韓信向項羽提過什麼建議我們今天不知道了，但是，
據我們對韓信的基本判斷，韓信給項羽的建議不會是毫無價值的。項羽聽
不進去，為什麼？因為項羽高度自信，覺得一切都在自己掌握之中，無須
他人的建議。就這樣，剛愎自用的項羽失去了一位軍事天才。

我們再看項羽門下的得力謀士很少（只有范增一人），也是因為項羽
的剛愎自用。范增提出了很多好的計謀，但項羽鮮有採納。范增最終無
奈，也只得憤然離開。這下，項羽徹底成了孤家寡人。

剛愎自用的項羽的失態就更常見了。打開《史記》，有關項羽的記載
中用得最多的一個字（詞）是什麼呢？—— 怒（大怒）。項羽一弄就是
「怒」，再弄就是「大怒」。整個〈項羽本紀〉記載項羽的一生，他只有一
次笑。什麼時候笑的呢？烏江自刎。烏江亭長划著船叫他過江，說你將
來還可以東山再起啊，這個時候他仰天大笑，一笑之後，就自殺了。換句
話說，在項羽的一生中間，隨處可見的就是項羽大怒，一語不合、一事不
順，項王就怒或大怒。

一個動輒「大怒」的人，行事會有分寸嗎？

歷史是無情的，卻又是公正的，它在給前人以教訓的同時，總是給後
人無限的啟示。站在歷史的長河邊，面對項羽的人生悲劇，徒嘆「至今思
項羽，不肯過江東」，不是我們應有的積極態度。我們應該在今後的人生
歷程中，反覆錘鍊自己的性格，把握住自己的命運之舟，更好地駛向人生
海洋的理想彼岸。

為剛愎自用者畫一幅素描

姜經理工作能力很強，也很有膽量，在他的經營管理下，他們小小的紡織品外貿公司生意興隆，業務量大大提升。但在成績面前，姜經理變得越來越剛愎自用，下屬們的合理化建議他根本聽不進去，只要他決定了的事，誰也反對不了，還經常訓斥下屬。

到年底的時候，姜經理的一個朋友介紹來一筆韓國的 86 萬美元的絲綢服裝訂貨業務，當時對方只預付了百分之一的訂金，財務處長忍不住提醒姜經理：如今韓國還未從金融危機中完全復甦過來，如此大的高級服裝訂貨量實在有些令人生疑，況且訂金又付得這麼少，一定要小心謹慎啊！

但沒想到姜經理卻大發脾氣，他說：「我自己的朋友還沒數嗎？你囉嗦什麼！」

結果貨發出去後真的沒了下文，原來姜經理的朋友為了還債利用了他。事後貨款雖然透過法律管道追了回來，但姜經理還是因為失職而被董事會免職。

看了這個例子，你會發現姜經理是一個剛愎自用的人，這種性格讓他失去了工作。清朝著名的書畫家鄭板橋有首打油詩名為〈詠茶壺〉，是專門用來諷刺剛愎自用者的，詩的內容是：「嘴尖肚大柄兒高，暫免飢寒便自豪。量小不堪容大物，兩三寸水起波濤。」這幾句詩可謂入木三分，寥寥數筆就把剛愎自用者刻劃得唯妙唯肖。

剛愎自用這種性格，在表面看來，似乎與剛毅型性格相似，但實際上卻有著很大的差異。剛愎自用的含義很清楚：頑固、偏執、一意孤行、拒絕接受他人的意見……誰都知道剛愎自用是個貶義詞，因而誰都不希望自己有這個毛病，誰都不希望他人指責自己有這個毛病。而且，似乎誰也不願意承認自己有這個毛病。

第九章　剛愎自用的人易跌倒

那麼，剛愎自用者究竟是一幅什麼「模樣」呢？大家不妨根據下面幾點來照照「鏡子」：

凡剛愎自用的人都非常自負、傲氣十足，都認為自己是窮盡了真理的人。應該說沒有一點資格或本領，是不能擁有剛愎自用這個「稱號」的。這類人有一定的能力，在自己的工作、事業上還做出過一定的成績，因而自信到了極點，自大自傲，自我感覺一直良好，甚至達到了自我陶醉，不可一世的地步。有的剛愎自用的人還是典型的自我崇拜狂，看人是「一覽眾山小」，自己什麼都是對的，別人通通都是錯的，這類人個性孤傲，對人冷若冰霜。儘管他沒有跑到大街上宣布：「我就是上帝」，但是，他的所作所為卻是無聲地宣布自己就是上帝。

凡剛愎自用的人都是頑固、守舊、偏執的。對於某種理念過於執著，認準了的事就堅持到底，死不回頭，只認為自己是在堅持原則，堅持真理。實際上，他們認的卻是死理，是過了時的老古董，或是不符合國情、實情的老頑固，一點靈活都沒有。這類人面對世界的發展進步，覺得是不可思議或是在瞎胡搞；明明是自己的想法與時代潮流相違背，卻反過來認為是時代在倒退，是一代不如一代。這類人對新事物、新人物、新現象、新趨勢一百個看不慣，視為洪水猛獸。

凡剛愎自用的人都是極其愛面子的人。這類人自尊心強極了，一點都冒犯不得，誰若是當面頂撞了他，尤其是在大庭廣眾之下頂撞了他，他就會火冒三丈，認為這是故意和他過不去，故意讓他下不了臺，是在故意挑釁，從此他就會銘記在心上。這個「傷口」很難癒合，往往是一輩子都難以忘掉，以後一有機會就會對「發難者」進行打擊報復，以報宿怨。若「發難者」是在他手下工作的，就會因此失去對其的信任，也會很隨便地找個「理由」就給他穿小鞋，這個人從此很難再會有發跡的機會。

　　凡剛愎自用的人都是從來不認錯的人，這類人對自己的眼光和能力從來都不懷疑，有時明明是自己錯了，卻就是不承認；明明是將事情搞得很糟，但就是不認帳；明明是自己的指導出了問題，卻偏偏說是他人將他的意思理解錯了……總之，黑的說成是白的，錯誤變成了真理，成績永遠是自己的，錯誤永遠是他人的。即便是有錯，也是「一根指頭和九根指頭」的關係，是「七分成績和三分缺點」，因而經常是倒打一耙，反誣批評者不懷好心。不僅如此，為了杜絕批評者的反對聲音，還會利用權勢大整特整那些批評者。由於剛愎自用者不肯悔改又不聽他人勸告，往往是在錯誤的路上越走越遠，其結果就會與自己原來美好的奮鬥目標南轅北轍，背道而馳，越走越遠。

　　凡剛愎自用的人都是好大喜功的人。這類人喜歡自我肯定、自我表彰，做了一點點有益的事就沾沾自喜，到處表功，唯恐他人不知道。這類人也只喜歡聽好話，聽吹捧的話，聽不進不同的意見，更不喜歡聽反對的話，因而在他的周圍聚集著一幫獻媚於他的小人，這些小人會投其所好，在他的面前搬弄是非。

　　看來，一個剛愎自用的人若不能克服掉這種壞毛病，那麼，他終有一天會碰得頭破血流，後悔莫及。既然剛愎自用有這麼大的害處，做人就不要做一個剛愎自用的人，如果你屬於這種性格，就要努力去克服它。

拋棄唯我獨尊的想法

　　唯我獨尊原為佛家語，指萬物的主宰是人，人能掌握自己的命運，不是靠什麼神而是靠自己，故為「獨尊」。而現在則形容一個人極端自高自大，有這樣想法的人，在做事情的時候往往會剛愎自用。

　　唯我獨尊的人總是把自己放在很高的位置上，使得自己在交際中被孤

立，難以和別人相處。有這種弱點的人有些自傲，又常常自以為是，認為別人都不能和自己相提並論。然而，遺憾的是，他們錯了。一個成功者不會讓自己高高在上，他們勇於放下身分拿自己開玩笑，並把自己當作一個普通人。

我們來看這個例子：

小張工作勤奮，取得了不錯的成績，人事局上司經過幾番討論研究，最終派她到本市某區人事局做主任。在她剛到區人事局當主任的幾個月當中，她顯得很得意，覺得自己太了不起了。她總是把自己放在很高的位置上，每天都吹噓自己的工作能力是多麼出色，如何受重視等。但同事聽了之後卻反應冷淡，小張很少能得到他們的讚美。這使她感到莫名其妙，覺得別人不把她這麼優秀的人放在眼裡。

過了幾個月，她發現根本沒一個人理她了，甚至連上面的幾位局長也不願理她。在接下來的日子裡，她覺得自己活得很空虛也很孤獨，每天回到家裡就唉聲嘆氣。這一切都被小張的丈夫看在眼裡。一天晚飯後，丈夫與她做了一次推心置腹地談話。在聽了她的煩惱之後，丈夫一語點破了妻子唯我獨尊的心理，小張這才意識到自己錯在哪裡。

可見，做人千萬別把自己放在太高的位置上，也不要處處誇耀自己，這是一條很好的交際原則。只有堅持這一原則，周圍的人才會認可你，並接受你。只有做到這一點，別人才會欣賞你的實力，相信你是一個十分優秀的人。這樣一來，自然就避免了陷入唯我獨尊的可怕境地。

此外，唯我獨尊的人有著濃厚的自我意識，凡事都只希望滿足自己的欲望，要求人人為己，卻置別人的需求於不顧，不願為別人做半點犧牲。這種人強烈希望別人尊重自己，卻不知道如何去尊重別人。總之，這些人心目中充滿了自我。

一個唯我獨尊的人容易走向以自我為中心的極端，他們的個人主義很嚴重。這種心態會嚴重影響一個人的自我形象，也影響其良好品德的形成，以致被人厭惡、看不起，他們不可能擁有良好的人際關係。試想一下，誰願意與一個唯我獨尊、不把別人放在眼裡的人成為朋友呢？

所以，有唯我獨尊想法的人要學會尊重、關心、幫助他人，這樣才可能獲得別人的回報，並從中體驗到人生的價值與幸福。最後，加強自我修養，充分了解唯我獨尊的不現實性與不合理性及危害性，學會控制自我的心態與言行。

善於傾聽別人的聲音

剛愎自用的人不喜歡和別人溝通，也不想知道別人內心的想法，因為他們覺得只有自己才是正錯的。其實溝通很重要，它是和團隊合作的基礎。溝通的最高境界就是靜靜聆聽，聆聽不僅表現出對他人的尊重，也展示出自身人格的寬容謙遜、通達睿智。每個人的認知都有局限性，你知道的未必就比別人多。

要學會溝通就必須用心去傾聽別人的意見。在這個過程中，你還可以審視自己，包括自己的缺點。常言道：「當局者迷，旁觀者清。」人們個性中的缺陷，僅憑自我省悟是不夠的。他山之石，可以攻錯；他人之眼，可以善我。子曰：「三人行，必有我師焉。擇其善者而從之，其不善者而改之。」聆聽是審視自我、完善自我的好方法。

我們看這個例子：

在微軟公司召開的一次會議上，總裁比爾蓋茲受到嚴厲指責，一名工程師指出公司在開發網路瀏覽器上表現停滯後。蓋茲沒有阻止工程師的發言，而是在那裡靜靜的傾聽，之後，他向與會者誠懇道歉，此舉也宣告了

微軟經營方向的轉型。

　　蓋茲後來談起這件事時說：「我不想在面子問題上浪費時間，那是沒有意義的。特權會使人腐化，更會使人剛愎自用。」從當年的退學青年一躍成為世界首富，這樣的成功並沒有讓蓋茲狂妄自大，善於聆聽的優點，幫助他一步步走向更大的成功。

　　真正的成功者都善於聆聽，他們的謙虛來自那博大的胸懷，他們認為一個集體的壯大，不是某一個人能夠主宰的，需要所有人的智慧。而那些自命不凡，心胸狹隘，閉目塞聽的人，他們的剛愎自用實際上是無知的表現。如果無知，你會因閉塞而更無知，甚至會重蹈項羽的覆轍。

　　學會傾聽吧，聆聽為人們的判斷開闢了一條新的途徑。當然，聆聽絕對不能代替自我的分析和判斷。人們不光要學會去「聽」，還要有足夠的能力去分析和判斷。塞納克說：「懷疑一切人和相信一切人的錯誤都是一樣的。只有把自己的判斷建立在充分思考和分析的基礎上，人們才有理由相信它。也只有這樣，人們的聆聽才有價值，才能從中學到東西。」

給剛愎自用者的忠告

　　一是虛榮心不要太強，應虛心地聽取別人的意見。心太滿，就什麼東西都裝不進去；心不滿，才能有足夠的裝填空間。古人說得好：「滿招損，謙受益。」做人應該虛懷若谷，讓胸懷像山谷那樣空闊深廣，這樣就能吸收無盡的知識，容納各種有益的意見，從而使自己豐富起來。

　　二是不要輕易否定別人的意見。要理解他人，體貼他人，這樣就能少一分盲目。要善於發現別人見解的獨到性，只有這樣才能多角度、多方位、多層次地觀察問題，這是一個現代人必須具備的素養。無論如何，不能一聽到不同意見就勃然大怒，更不能利用權勢將他人的意見壓下去、頂

回去。這樣做是缺乏理智的表現，是無能的反映，有百害而無一益。

三是要有平等、民主的精神，而這種精神形成的前提條件是有寬容的心態。只有互相寬容，才能做到彼此之間的平等和民主。學會寬容，就必須學會尊重別人。人們通常容易做到尊重上位者，但要尊重比自己「低得多」的人，尊重普通人，尊重被自己帶領的人，卻很難。什麼叫尊重？就是認真地聽，認真地分析，對的要吸收，要在行動上改正，即便是不對的，也要耐心聽，耐心地解釋，做到不小氣、不狹隘、不尖刻、不勢利、不嫉妒，從而將自己推到一個新的更高的境界。

四是要樹立正確的思維方法。一個人為什麼會剛愎自用？重要原因之一就在於他的邏輯思維有了問題，明明是一孔之見卻還要沾沾自喜，經常是一葉障目卻還要自得其樂。這類人不懂天外有天，不懂世界的廣闊，因而夜郎自大，所以必須在思想方法上來一個脫胎換骨。

五是要多做調查研究。剛愎自用者的最大毛病就是自以為是，就是想當然，認為自己在書房裡想的一切都是千真萬確的，明明是脫離實踐的，卻還要堅持下去。為什麼？就是因為他們的性格缺陷使他們過於相信自己，而實踐知識又太少。所以建議這類人要多進行實地調查研究，看一看實際是怎麼回事，這樣就很容易避免剛愎自用的產生。亞里斯多德認為，女人的牙齒比男人的少。倘若他數一數自己妻子的牙齒，大概就不會鬧出這樣的笑話了。

六是要多與觀念開放的人交流。當你與觀念開明、開放的人交流時，受其影響，你會變得同樣的開明、同樣的開放。所謂「近朱者赤」就是這個意思。所以，多與這樣的人交流，會讓你消除自己的剛愎自用。要多與人交流，學會付出，也學會接受，長此以往，性格就會慢慢改變，人也自然不會再固執了。

▌小測試：你是否是剛愎自用的人

在你的性格中，有剛愎自用的成分嗎？請根據你的情況，如實回答下面的問題，然後根據後面的評分標準，了解一下你剛愎自用的程度。

測試題目

1. 你敢大膽批評別人的言行嗎？

   A. 是的　B. 有時如此　C. 不敢。

2. 你的思想屬於哪種類型？

   A. 比較激進　B. 一般　C. 比較保守。

3. 當你說謊時，是否總覺得內心羞愧，不敢正視對方？

   A. 是的　B. 不一定　C. 不是的。

4. 假使你手裡拿著一支裝有子彈的手槍，一定得取出子彈才能安心嗎？

   A. 是的　B·不一定　C. 不是的。

5. 你是否覺得自己具備別人所沒有的優良品格呢？

   A. 是的　B. 不一定　C. 不是的。

6. 考慮到你的能力，即使讓你做一些很平凡的工作，你也會安心嗎？

   A. 是的　B. 不太確定　C. 不是的。

7. 你不是一個喜歡爭強好勝的人嗎？

   A. 是的　B. 不確定　C. 不是的。

8. 在課堂上，如果你的意見與別人的不同，你通常會怎麼樣？

   A. 保持沉默　B. 不一定　C. 當場表明立場。

9. 如果你急需借朋友的東西，而朋友卻不在家，你認為不告而取也沒有關係？

   A. 是的　B. 不一定　C. 不是的。

10. 你常常會打抱不平嗎？

A. 是的　B. 不一定　C. 不是的。

11. 到一座陌生城市出差，你會如何？

A. 到處閒逛　B. 不確定　C. 避免去可能不安全的地方。

12. 因為你對一切問題都能發表見解，大家會認為你是一個有頭腦的人嗎？

A. 是的　B. 不一定　C. 不是的。

13. 你講話的聲音如何？

A. 洪亮　B. 介於洪亮和低沉之間　C. 低沉。

評分標準

1. A＝2分，B＝1分，C＝0分
2. A＝2分，B＝1分，C＝0分
3. A＝0分，B＝1分，C＝2分
4. A＝0分，B＝1分，C＝2分
5. A＝2分，B＝1分，C＝0分
6. A＝0分，B＝1分，C＝2分
7. A＝0分，B＝1分，C＝2分
8. A＝0分，B＝1分，C＝2分
9. A＝2分，B＝1分，C＝0分
10. A＝2分，B＝1分，C＝0分
11. A＝2分，B＝1分，C＝0分
12. A＝2分，B＝1分，C＝0分
13. A＝2分，B＝1分，C＝0分

分數為 13 ～ 26：很明顯的剛愎自用者。

你是一個很明顯的剛愎自用者，你非常好強固執，獨立積極，有時驕傲自大、自以為是，而且可能非常武斷，時常想要駕馭那些不及自己的人，對抗有權勢者。對於這樣的人，一定要放低姿態，善於傾聽別人的意見。

分數為 9 ～ 12：不是很明顯的剛愎自用者。

這樣的人能很好地處理人際關係，沒有自大的性格特點，也不會去迎合他人，只是偶爾有點固執己見。

分數為 0 ～ 8：你顯得謙虛順從。

這樣的人十分恭敬、謙虛，很少有個人意識，不會給他人剛愎自用的感覺，但是往往無法堅持自己的觀點。

第十章

敏感多疑的人活得太累

第十章　敏感多疑的人活得太累

生活中我們常會碰到一些猜疑心很重的人，他們整天疑心重重、無中生有，認為人人都不可信、不可交。如有的人見到幾個同事背著他講話，就會懷疑同事是在講他的壞話。上司有時對他態度冷淡一些，又會覺得上司對自己有了看法。

敏感多疑的人特別注意留心外界和別人對自己的態度，別人脫口而出的一句話很可能會讓他思索半天，努力發現其中的「潛臺詞」。這種人心有疑惑，不願公開，也少與他人交心，整天悶悶不樂、鬱鬱寡歡。由於自我封閉，阻隔了外界訊息的輸入和人間真情的流露，終於由懷疑別人發展到懷疑自己。

大烏龜和小烏龜在一起喝酒。大烏龜喝完自己的一份後，就對小烏龜說：「你去外面幫我拿一下酒。」

小烏龜剛走兩步，就不走了，回頭說：「你肯定是支走我出去後，要把我的酒喝掉！」

「這怎麼可能？你是在幫助我啊！」

經大烏龜一再保證，小烏龜同意了。

一個小時過去了，大烏龜耐心等著……兩個小時過去了，小烏龜還沒有來……

三個小時過去了，小烏龜仍然未見回來。這時，大烏龜想：「小烏龜肯定不會回來了牠自己在外面喝酒。怎麼會回來呢？我乾脆先把它這一份喝了，等牠幫我買酒回來後我再還給牠。」

大烏龜剛端起小烏龜的酒杯，小烏龜就像從天而降似地站在大烏龜面前，氣沖沖地說：

「我早就知道你要喝我的酒！」

「牠怎麼會知道呢？」大烏龜尷尬而不解地問。

「哼！」小烏龜氣憤地說，「我在門外已經站了三個小時了！」

▋生活中你最害怕什麼

　　某大學曾對 3,200 名男女生進行問卷調查，其中有一個問題是「在生活中，你最害怕什麼？」有 2,800 多名學生回答是：「怕別人在背後議論自己。」如此高的比例，說明了一個事實，大多數青年總是猜疑別人對自己的看法。反過來講，就是這些青年人在社會交流中總是對別人有疑心。

　　有這種猜疑心理的人自然而然地對別人總是持不信任態度，認為人都是自私的，人生帶有很大的虛偽性，因而很難有什麼信任度可言。於是在這種心理的作用下，總用懷疑的眼光看人，對人存有戒心，自己不肯講真話，戴著假面具與人交流。以這種心態是不可能交到摯友的，往往會自困於自己製造的灰色眼鏡之中。因此，疑心是交友的大敵，它會陷雙方於懷疑的緊張戒備狀態，自我防範猶恐不及，哪裡還有精力和心思相互了解。

　　疑心，作為複雜的社會心理，其產生的原因是多方面的。首先，大多數人由於其生理氣質在青少年時期沒有得到健康正常地發展，沒有樂觀通達的處世態度和堅強的自信心，結果憂心忡忡，一步一步地內向化，使自己經常處在自我封閉狀態。這種人不知道世上每個人都有自己獨立完整的個性世界，哪裡會人人都有閒工夫專門去搬弄別人的是非呢？更何況在當今這種「時間就是金錢」的高效社會中，誰會去為別人的閒事瞎操心呢？

　　其次是「心私則生疑」。這裡所說的私主要是指自我意識太強，對周圍人們的議論比較敏感，擔心別人背後說不利於自己的話，於是便疑神疑鬼地陷入自我恐懼和過度的自我防衛中。渴望尊重和正面的評價，又怕得不到，患得患失，於是產生了無端的猜疑。

　　多疑之人不止一門心思地去揣測、懷疑別人，也會經常捕風捉影般地猜疑自己，像杞人憂天那樣擔憂災難即將臨頭。例如脈搏少跳了一下，就懷疑自己的心臟出了毛病；稍微有點不舒服，就害怕得要命；略微有點發

燒，就愁眉苦臉。

猜疑似一條無形的繩索，會捆綁我們的思路，使我們遠離朋友。如果猜疑心過重的話，就會因可能根本沒有或不會發生的事而憂愁煩惱、鬱鬱寡歡；猜疑者常常嫉妒心重，比較狹隘，因而不能更好地與他人交流，其結果可能是無法結交到朋友，變得孤獨寂寞，對身心健康都有危害。

總之，不了解人、不了解世界、缺乏判斷力往往是造成好猜疑、神經過敏、判斷失誤和發生誤會的主要原因。因此，克服多疑，克服神經過敏的缺陷，就得從走出以自我為中心開始。把自己從內向的趨勢拉轉到外向的趨勢，面向外部世界，面向他人，多交流了解，以獲得對人對事的正確認知和準確判斷。

其實，世界上沒有一個人是不可理解的，也沒有一件事是不可理解的。你如果懷疑某個人、某件事，最簡單的辦法就是去與那個人面對面溝通，坦誠而友好地與他交流自己的看法，獲得真實的認知，從而達到理解。一旦理解了，就不會再掛在心中，不再記恨了。

▎猜忌之心猶如蝙蝠

「猜忌之心猶如蝙蝠，它總是在黑暗中起飛」，歐洲文藝復興時期的偉大詩人但丁如是說。猜疑之心令人迷惑，亂人心智，有時甚至使你辨不清敵與友的面孔，混淆了是與非的界線，使自己的家庭和事業遭受無端的損害和失敗。

人家本來對你懷有好感，或曾經還是好友，你卻因人家某一句無意間的話、某個細小的無意識的動作或眼神，便懷疑別人在搞你的名堂，在暗中搗你的鬼，在議論你，在說你壞話，從而對他產生偏見，或中斷與他的交流，斷絕與他的友誼。生活中這類例子不勝枚舉。例如，把一對男女的

一次極為正常的交流，猜疑為偷情；把別的女人寫給自己丈夫的信，或者把別的男子給自己妻子的信都疑為情書；如果沒有任何把柄，就疑為精神戀愛等等，不一而足。所以，對愛猜疑的人來說，猜疑往往是造成朋友不多、事業無成的原因之一。有時，因一方無法忍受另一方長期的無端猜疑而產生厭惡和煩惱，導致最後決裂的事時有發生。

沒有誰願意與一個好猜疑別人的人交流。大家都害怕引出無端的麻煩而對他避而遠之。故喜好猜疑者多為孤獨者，而這種孤獨卻不是哲學家高雅的孤獨，而是被很多人視為小人而不願與其往來的孤獨。那是處於得不到別人幫助的孤獨，是卑賤的孤獨。它會令多疑者處處行路難，其生命的能量無法施展，智力和才華無法展現，當然事業也就很難有所成就。

生性多疑，遇事容易猶豫不決，經常使這種人陷入進退兩難的境地。喜歡猜疑又行動果敢的人是很少有的，好猜疑者往往伴隨著膽怯和畏懼的個性，這更加不可救藥，若不克服這種個性缺陷，就只能在人生的陷阱中虛度時日了。

▍造成猜疑的原因

首先，作繭自縛的封閉思路是造成猜疑的重要原因。猜疑通常是從某一假想目標開始，最後又回到假想目標，就像一個圓圈一樣，越畫越粗，越畫越圓。最典型的例子就是「疑人偷斧」的寓言了：一個人丟失了斧頭，懷疑是鄰居的兒子偷的。從這個假想目標出發，他觀察鄰居兒子的言談舉止、神色儀態，無一不是偷斧的樣子，思索的結果進一步鞏固和強化了原先的假想目標，他斷定賊非鄰子莫屬了。可是，不久在山谷裡找到了斧頭，再看那個鄰居兒子，竟然一點也不像偷斧者。

現實生活中猜疑心理的產生和發展，幾乎都同這種封閉性思路主宰了

正常思維密切相關。比如聽說有人打自己的小報告了，首先就會懷疑某人（消極論斷別人），然後觀察、監視，越看越像（驗證自我），接著會發現那個「嫌疑」人說話走路都與以前不同了（實際是自己的不良心態在作祟，是自己的精神、眼光、動作與以前不同了），之後還會進一步驗證，「當然啦！他昨天與我對面走過，連頭都不敢抬。他在躲我，肯定是做賊心虛了！」而結果往往是自己錯的時候多。

多疑的人往往帶著固有的成見，透過想像把生活中發生的無關事件湊合在一起，或者無中生有地製造出某些事件來證實自己的成見，於是就把別人無心的行為表現，誤解為對自己懷有敵意，沒有足夠根據就懷疑別人對自己進行欺騙、傷害、暗算、耍弄陰謀詭計，甚至把別人的善意曲解為惡意，以致與人隔閡，在人際交流中自築鴻溝，嚴重時還有可能反目成仇。

其次，源自於對環境、對他人、對自己缺乏信任。古人說：「長相知，不相疑。」反之，不相知，必定長相疑。不過，「他信」的缺乏，往往又同「自信」的不足相連繫。疑神疑鬼的人，看似疑別人，實際上也是對自己有懷疑，至少是信心不足。有些人在某些方面自認為不如別人，因而總以為別人在議論自己，看不起自己，算計自己。一個人自信越足，越容易信任別人，越不易產生猜疑心理。

再者，源自於對交流挫折的自我防衛。有些人以前由於輕信別人，在交流中受過騙，蒙受了巨大的精神損失和感情挫折，結果萬念俱灰，不再相信任何人。

▎做人不要太敏感

猜疑的人通常過於敏感。敏感並不一定是缺點，對事物敏感的人往往很有靈氣，有創造力，但如果過於敏感，特別是與人交流時過於敏感，就需要想辦法加以控制了。

在《小公務員之死》（*The Death of a Government Clerk*）中，作者契訶夫（Anton Pavlovich Chekhov）將一位敏感多疑的小公務員描繪得活靈活現。基層文官切爾維亞科夫，因為在看戲時忍不住打了個噴嚏，而唾沫星子可能濺到了坐在他前面的文職將軍的身上。事情本來不大，當場道一個歉也就過去了，但生性敏感的切爾維亞科夫不僅當場一而再地賠著小心，事後還再三登門向將軍賠禮道歉。被這個下級文官的反覆賠罪搞得不耐煩的文職將軍不耐煩了，終於鐵青了面孔向他大喊一聲「滾出去！」切爾維亞科夫聽到「滾出去」這聲喝斥之後，「肚子裡似乎有個什麼東西掉下去了。他什麼也看不見，什麼也聽不見，退到門口，走出去，到了街上，慢騰騰地走著……他信步走到家裡，沒脫掉制服，往長沙發上一躺，就此……死了。」

這個小公務員的死，固然與沙皇專制時期的政治環境有關，但與該人敏感多疑的性格也有關。這個公務員為一件小事心神不寧、疑神疑鬼，老是擔心別人會怪罪、報復自己。全於嗎？人啦，別把自己看得太重或太輕，做人，不要太累。原本善良、好心卻非得搞到弄巧成拙。

在我們身邊，也不乏這樣的人，他們性情都不開朗，心理都相當虛假，神經都相當過敏，老是能敏感地「察覺」出什麼。一點小的瑕疵逃不過他們的眼睛，一句隨意的話他們能解讀出其中的各種深意，一點往事他們念念不忘……晚上次到家裡，躺在床上也要細細思索，生怕別人有什麼

謀劃會使他吃虧。這樣的人在處理人際關係上就顯得不誠實、不大方，甚至很造作，讓與之打交道的人不得不小心翼翼，或敬而遠之。

世界絕不完美，人性總有弱點，要那麼過細做什麼！不如粗糙一點、遲鈍一些。這樣，有了中間的緩衝帶，既保護了自己，又不會傷及他人。

┃充分了解後再下結論

性格多疑的人有勇於懷疑一切的精神，這是好的，但是往往會過於猜疑，甚至對自己產生懷疑，而對他人則是產生不信任感，不願意與他人進行交流，甚至排斥他人、排斥社會。這些性格特點對自己的個人發展是非常不利的，所以要改正性格中的缺點，不僅要相信自己，還要學會相信他人，多與別人進行交流溝通，多進行社交活動，開闊自己的心胸，使自己的心靈變得明朗。這樣，就會離成功越來越近。

性格多疑的人往往會因為小事便對人產生懷疑。其實，每個人由於生活、學習的環境不同，受的教育也不盡相同，所以在看待一些事情時有不同的看法是非常正常的。如果因為別人的某一個看法與自己的意見相左便產生懷疑，不再對其建立信任感是非常不可取的。

白居易有首名為〈放言〉的詩寫道：「贈君一法決狐疑，不用鑽龜與祝蓍。試玉要燒三日滿，辨材須待七年期。周公恐懼流言後，王莽謙恭未篡時。向使當初身便死，一生真偽復誰知？」這首詩中提到一個人──周公。周公姓姬名旦，是周武王的弟弟。周武王在滅掉商朝建立周朝不久後便去世了，國家還沒有鞏固，還有許多人居心叵測，意圖謀反，國家的建設任務非常重大。王位雖然由武王的長子繼任（稱為成王），但是當時成王還未成年，無法處理朝政，於是重擔便落在了姬旦的肩上。周公勤於政務，招納賢才到了「一飯三吐哺」的地步，周王朝在他的治理下，事事

都趨於平穩，他為周王朝制定了各種律法、禮樂，此外他還平定了各方的叛亂，為周王朝立下了汗馬功勞。但是，他的獨自專權卻引起了別人的不滿，於是朝中便謠言四起，風傳周公將要取成王而代之。於是在東方新被征服的土地上，有四個最強大的封國開始聯合起來反對他，姬旦經過三年的親征苦戰終於取得了平叛戰爭的勝利。然而這並不能使他擺脫流言，所以最後他只好放棄了所有的權力，跑到魯國投奔他的兒子。這時成王才明白他的叔父所做的一切雖然有時候過於專權，但都是為了周王朝。

周公離開朝廷三年之後，得了重病，臨死前他說：「我死之後一定葬在成國，示意給天要臣服於成王。」死後成王將他葬在文王墓地一側，成王這時才明白周公的一片真心，痛哭流涕，並表示永遠不敢忘記周公的恩德。

正如詩中所說「向使當初身便死，一生真偽復誰知？」這就是說，我們不能隨隨便便地就對一個人下結論，不能憑一點印象便對人做出全面的評價。所以，在我們開始要猜疑某個人的時候，最好先能綜合地分析一下他的品德、社會經歷以及與自己交流時的表現，這樣就不會隨便懷疑他人，也就會將錯誤消滅在萌芽狀態。

▎生性多疑的雍正皇帝

生性多疑的人往往會釀成大禍，尤其是位居高位者。漢武帝劉徹、明太祖朱元璋、清朝雍正皇帝都是典型的生性多疑的君主。

雍正在位雖然只有幾十年，但是卻製造了多起文字獄。雍正三年二月，天空中出現了「日月合璧，五星聯珠」的奇觀，群臣上表稱賀。手握重兵的年羹堯也依例獻表。雍正帝卻從他的表文中找出兩條毛病：一、字體潦草；二、成語「朝乾夕惕」寫作「夕惕朝乾」。「朝乾夕惕」本來的

第十章　敏感多疑的人活得太累

意思是終日謹慎，寫作「夕惕朝乾」意思不變。年羹堯的賀表變換詞序是為了頌揚皇帝。但是雍正卻認為「年羹堯自恃己功，顯露不臣之跡，其乖謬之處，斷非無心」。於是群臣便發起了對年羹堯的彈劾。十二月，議政大臣彈劾年羹堯九十二條大罪，於是雍正下詔命令年羹堯自裁，家產籍沒。這一案件數萬人受到牽連，被殺、被流放者不計其數。

查嗣庭任江西鄉試主考官時，試題中出現了「怨望、諷刺」等字樣，雍正懷疑其對己所行不滿，然後又查出他曾經寫過一本名為《維止錄》的書，「維」字像是「雍」字去掉了頭，「止」字則像是「正」字去掉了頭。於是便因此認定查嗣庭圖謀不軌，將其下獄。查嗣庭瘦死牢中，雍正命人對其戮屍，並將其長子處斬，幼子流放，兄長查嗣王和查慎行也被革職查辦。江南士子也受到牽連，朝廷於雍正四年取消了浙江全省的鄉試、會試。直到雍正八年，在浙江總督李衛的請求下，才解除了停止鄉會試的詔令。

雍正皇帝重視幹練的官員，而對科舉出身只會誇誇其談的人非常反感。所以當進士出身的謝濟世彈劾他提拔起來的監生出身的田文鏡時，他便在田文鏡密奏謝濟世、李紱等人結黨之時對他們有了很深的成見，再加上他在即位之初時便險遭「八王黨」的奪權，所以便也懷疑幾個一起彈劾田文鏡的大臣陸生南、謝濟世、李紱陰謀不軌，而在他們的文字中又發現了評論歷史的「抗憤不平之語其多，其論封建之利，言辭更屬狂悖，顯系排議時政」，於是便將他們下獄發配。還有人因為寫有「明月有情還顧我，清風無意不留人」的詩句而被認為是懷念前明故國，因此被殺。

雍正當政短短的時間內，因為生性多疑而造成的文字冤獄可以說是不計其數，此外他還首創了清朝特務系統，對文武百官乃至平民百姓進行監督，全國百姓生活在一片恐懼當中。

▍小測試：你的疑心重嗎

　　根據自身特點，在下面的問題中選擇最適合你的選項，並根據後面的分析來判斷你是不是一個好猜疑的人？請統計一下你所得到的●○◎數目，得到最多數目的便是你的測試結果。

測試題目

1. 如果你看到一個人在街上鬼鬼祟祟地東張西望，你覺得他可能：

　　A. 想偷東西，正在尋找目標 —— ●

　　B. 正在躲人，所以小心翼翼 —— ○

　　C. 是個神經病，所以舉止怪異 —— ◎

2. 研究報告指出，電腦的電磁波輻射相當嚴重，你會：

　　A. 沒事就少使用吧，人生可以多活幾年 —— ●

　　B. 電腦是生活必需品，只好使用時盡量離遠一點 —— ○

　　C. 不上網，毋寧死！反正以後一定會發明防輻射的藥 —— ◎

3. 你覺得你工作時的態度跟下列哪一項敘述最像呢？

　　A. 老闆說什麼就做什麼，以公司的利益為最優先 —— ●

　　B. 老闆又不見得是對的，我會以我的方法為主 —— ○

　　C. 老闆愛碎念就讓他念，我的工作做好就行 —— ◎

4. 路上發生個小車禍，有個人被撞受傷等待救援，你會：

　　A. 這種事不吉祥，能走多遠就走多遠，免得被煞到 —— ●

　　B. 沒什麼好看的，稍微觀望一下就走人 —— ○

　　C. 看看他怎麼了，直到救護車把人抬走為止 —— ◎

5. 你覺得情人節送花送禮物的習俗，是一種：

　　A. 那是商人炒作出來的商機，根本就是來騙錢的 —— ●

　　B. 雖然覺得沒多大的意義，可是畢竟難得，開心就好 —— ○

　　C. 很有意義呀，浪漫跟溫馨的感受可是無價的 —— ◎

6. 炎炎夏日總是讓人想到海邊玩耍，如果是你，什麼誘因最強烈？

　　A. 跟最珍惜的人一起去，那樣子最浪漫 —— ●

　　B. 一個人走在無人的沙灘，那樣子最舒服 —— ○

　　C. 偶像團體舉辦演唱會等活動，非常想去 —— ◎

7. 有一天你被自己喜歡的人誤會了，而且他很生氣，你會：

　　A. 不解釋，總有一天他會明白的 —— ●

　　B. 過幾天等他氣消了，再慢慢跟他訴說原委吧 —— ○

　　C. 當場解釋清楚，不然我心裡會很難受 —— ◎

分析

●較多的人

你是猜疑心比一般人都要嚴重的人，你很在意別人對你的看法，經常會疑神疑鬼。

○較多的人

你不能算是猜疑心重的人，而是擁有一顆善於觀察的心，只是你有時可能會過於依賴直覺，而忽略情感因素的影響力。

◎較多的人

你是一個不容易懷疑別人的人，你對大多數事情的態度都是大而化之，不怎麼在意，所以與你相處的人都會覺得你是個非常坦誠的人。

第十一章

做個有主見的聰明人

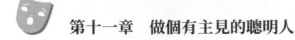

第十一章　做個有主見的聰明人

如果說自以為是、剛愎自用是愚蠢，那唯唯諾諾、隨波逐流就是窩囊。縱觀中外歷史，無論從政還是經商，大凡有所成就者都有一個共同的特點：做人有主見，處事敢決斷。膽小怕事的「鴕鳥人」和人云亦云的「鸚鵡人」注定成為平庸者。

每個人總是生活在群體當中，周圍人們的意見和看法對自己無疑有著非常重要的作用和影響。很多時候，周圍人們的意見和想法對自己有著啟發和幫助作用；但是也有很多時候，周圍人們的意見和想法會動搖自己的抱負、意志和決心，而主見猶如是黑暗夜晚中的照明燈，照亮我們前進的道路。

一群動物舉辦了一場攀爬艾菲爾鐵塔的比賽，看誰先爬上塔頂誰就獲勝。很多善於攀爬的動物參加了比賽，更多的動物圍著鐵塔看比賽，給牠們加油。作為比賽的裁判，老鷹早早地飛上塔頂。比賽開始了，所有的動物沒有誰相信參賽的動物能夠到達塔頂，牠們都在議論：「這太難了！！牠們肯定到不了塔頂！」聽到這些話，一隻又一隻的參賽動物開始洩氣了，剩下那些情緒高漲的幾隻還在往上爬。下面的動物繼續喊著：「這個塔太高了！沒有誰能爬上頂的！」越來越多的動物累壞了，退出了比賽，只有一隻蝸牛還在越爬越高，一點沒有放棄的意思。

最後，那隻蝸牛費了很長的時間，終於成為唯一一隻到達塔頂的勝利者。奪冠的蝸牛下來後，得到了很多的掌聲。有一隻小猴子跑上前去，問蝸牛哪來那麼大的毅力跑完全程。誰知道蝸牛一問三不知 —— 原來，這隻蝸牛是個聾子。牠當時只看到了所有人都開始行動，但當大家議論的時候牠沒聽見，所以牠以為大家都在爬，牠就獨自在那晃徘徊悠不停地爬，最後成就了一個奇蹟，牠爬上去了。

假設那隻蝸牛不是聾子，聽到別人的議論牠還會頂著乾渴和勞累繼續往上爬嗎？在別人的嘲笑聲裡牠還能一如既往地堅持自己的目標嗎？

當你在艱難地攀登人生的高峰時，一定少不了別人善意的勸阻或惡意的譏諷。當你聽到別人的非議時，不妨想像自己是一隻耳聾的小蝸牛。

不做隨波逐流的一粒沙

做事情如果都隨大流，那你的事業肯定就平庸得像河邊的一粒沙了，休想成就一般人不能成就的事業。

在自然界當中，大黃蜂是十分有趣的昆蟲。曾經有很多的生物學家、物理學家、社會行為學家聯合起來研究這一生物。

根據生物學的觀點，所有會飛的生物，必然是體態輕盈、翅膀十分寬大；而大黃蜂卻正好反其道而行之：牠的身軀十分笨重，而翅膀又出奇的短小。依照生物學的理論來說，大黃蜂是絕對飛不起來的。物理學家的論調是，大黃蜂的身體與翅膀比例的設計，從流體力學來看，同樣是絕對沒有飛行的可能。簡單地說，大黃蜂這種生物是根本不可能飛起來的。

可是，在大自然中，只要是正常的大黃蜂，卻沒有一隻是不能飛的。而且牠飛行的速度並不比其他能飛的動物差。這種現象，彷彿是大自然和科學家們開了一個大玩笑。

最後，社會行為學家找到了這個問題的解答。答案很簡單，那就是 —— 大黃蜂根本不懂「生物學」與「流體力學」。每一隻大黃蜂在牠成熟之後，就很清楚地知道，牠一定要飛起來去覓食，否則就必定會活活餓死！這正是大黃蜂之所以能夠飛得那麼好的奧祕。

不妨從另一個角度來設想，如果大黃蜂能夠接受教育，學會了生物學的基本概念，而且也了解流體力學，根據這些學問，大黃蜂很清楚地知道自己的身體與翅膀設計完全不適合用來飛行。那這隻學會告訴自己不可能會飛的大黃蜂，還能夠飛得起來嗎？

第十一章　做個有主見的聰明人

或許，在過去的歲月當中，有許多人在無意間灌輸你許多「不可能」，我們應該完全拋開這些「不可能」，再一次明確地告訴自己：生命是永遠充滿希望與值得期望的。

亞歷山大‧赫爾岑（Alexander Herzen）是俄羅斯著名的思想家、文學家。有一次，他的朋友請他參加音樂會。音樂會開始沒多長時間，赫爾岑就用雙手堵住耳朵，低著頭，滿是厭倦之色。不久，他竟打起瞌睡來。

他的朋友看赫爾岑竟然打起了瞌睡，很是奇怪，就問他為什麼。

赫爾岑搖了搖頭，說：「這種怪異、低級的樂曲有什麼好聽的？」

「你說什麼？」朋友大叫起來，「天啊！你說這音樂低級？你知不知道，這是現在社會上最流行的音樂！」

赫爾岑心平氣和地問：「難道流行的一定好嗎？」

「那當然，不好的東西怎麼會流行呢？」朋友反問。

「那按你的意思，流行性感冒也是好的！」赫爾岑微笑著回答。

朋友頓時啞口無言。

有時候，人常常會被習性思維所左右。其實，對一件事情的不同解釋，往往可以帶來完全不同的選擇。

有一個寓意深刻的民間笑話：一場多邊國際貿易洽談會正在一艘遊船上進行，突然發生了意外事故，遊船開始下沉。船長命令大副，緊急安排各國談判代表穿上救生衣離船。可是大副的勸說失敗，船長只得親自出馬，他很快就讓各國的商人都棄船而去。大副驚詫不已。船長解釋說：「勸說其實很簡單。我告訴英國人說，跳水是有益健康的運動；告訴義大利人說，那樣做是被禁止的；告訴德國人說，那是命令；告訴法國人說，那樣做很時髦；告訴俄羅斯人說，那是革命；告訴美國人，我已經給他上了保險；告訴臺灣人，你看大家都跳水了。」

這則笑話在令我們捧腹之餘，不難引發有關各國文化差異的思索，從中可以看出，臺灣人行事比較沒有主見，喜歡盲從。這個笑話可能有些誇張，但臺灣人喜歡盲從的特點在現實生活中卻不乏實例。

最典型的是前幾年流行的山地腳踏車。該車型適宜爬坡和崎嶇不平的路面，在平坦的都市馬路上卻毫無優勢。山地車骨架異常堅實沉重，車把僵硬彆扭之至，轉向笨拙遲緩，根本無法對都市複雜的交通做出靈巧的機變。一天折騰下來，腰酸背痛，加上尖銳刺耳的剎車，真是一個中看不中用的東西。放著好端端的輕便車或跑車不騎，卻要騎一輛如此的笨拙之物，好像一個人丟下良馬，偏要騎那笨牛一樣。時髦先生們頭戴耳機，腰別隨身聽，腳踩山地車，一身牛仔服，似乎自我感覺良好，但這份瀟灑背後的代價和感受，他們要向誰去訴說呢？

假如把時髦比喻成一座令人心旌搖盪的山峰，山地車的功能便昭然若揭了。追趕時尚，大約就像騎山地車一樣，即便累個半死，也是心甘情願。究其根源：「為什麼這樣？」必答曰：「別人都這樣！」

詩人愛默生（Ralph Waldo Emerson）說：「大丈夫從不流俗。」他說的不是怪僻癲狂的人，而是坦然無畏堅持主見的人，是在大多數人不願說「不」的時候挺身說「不」的人。這裡列舉一個獨特的實驗：一個女人在大街上行走，突然向一位不知情的路人大叫：「救命！有人強暴！」而旁邊另外安排兩位喬扮的路人，對此呼救聲不聞不問，依舊往前走去。這名被當作實驗對象的不知情路人在聽到呼救聲時，所做的反應不是立刻向前去搭救，而是轉頭看旁邊兩人有何動靜。當他看到的是一臉漠然時，也就無動於衷了。這種跟著大家走的群展現象說明：我們的信念往有很大的從眾性，它的建立總是根據別人的反應，這正是妨礙一個人發展的心障。一個不能為自己做出獨立選擇的人，一生終將一事無成，一敗塗地。

行事要有主見，除了自我凝聚、甘於寂寞外，還需要極大的勇氣。勇氣是為智慧與才能開路的先導，是向高壓與陳規挑戰的利劍，是同權威和強手較量的能源。

1888 年，法國巴黎科學院收到的徵文中，有一篇被一致認為科學價值最高。這篇論文附有這樣一句話：「說自己知道的話，做自己應做的事，做自己想做的人！」這是在婦女備受歧視和奴役的十九世紀，走入巴黎科學院大門的第一個女性，也是數學史上第一個女教授，38 歲的俄國女數學家蘇菲‧柯瓦列芙斯卡婭（Sofia Kovalevskaya）的傑作。在眾多的競爭對手面前，首先要突破的就是我們自身存有的舊觀念，「走自己的路，讓人家去說吧！」這句至理名言鼓舞了眾多勇於向自己挑戰的人，並幫助他們實現了自己的願望，成為敢為人先的真正勇士。

正因為敢與習慣勢力決裂，敢與多數人相悖，新的科學研究成果、新的應用技術才能層出不窮，才能取得創造性的成功，並吸引來多數人的關注，這是那些有主見的人的共同特點。

▌一定要知道自己需要什麼

有句話說得好：假如你不知道自己駛向何處，那麼來自任何方向的風對你來說都不是順風。要成為一個有主見的人，前提是要知道自己需要什麼。需要的，就去追求，哪怕費盡心力、頭破血流也無怨無悔。不需要的，又何必去浪費精力？

當炒股熱遍全國時，你奮不顧身地跳入股海；當出國鍍金風頭正興時，你擠破頭也要走出國門；當公務員熱門起時，你又忙著去考公務員……忙碌的生活，看似充實，實則蒼白不堪。

忙碌之餘，我們真應該聆聽自己內心的聲音。如果你所追求的並非你

真正想要的，而且它也不能給你帶來快樂與滿足，那麼又何必費盡心思去隨波逐流呢？

世界上沒有一片葉子和別的葉子完全相同，更沒有一個人與別人完全一樣。認真做自己，就必須找到你與他人不一樣的地方，即自己的獨特之處。而且，這種髮掘還不能依靠他人，只能靠自己去尋找，因為誰也不會比你更懂得自己。

我認識一位小學老師，她從大學畢業後就想要教書，但是因為不是師範系統的大學畢業生，當時並沒有找到教書的機會，隨後便到日本留學。剛回國時，她一時還找不到教職，就到一家公司擔任日文翻譯，很得老闆的信任，待遇也相當好，但是她仍不放棄想要教書的念頭。後來她去參加教師資格考試，考取後立刻辭去了翻譯的工作。

教書的薪水要比翻譯少很多，因此很多人都不理解她的行為，紛紛對她放棄翻譯的工作去做教師表示不理解。可是她每次都微笑著回答：「我就是喜歡小孩子，也喜歡校園的寧靜。」

有一回我碰到她，問她近來如何。她很興奮地告訴我：「今天剛上過體育課。我也跟小朋友一起爬竿，我幾乎爬不上去，全班的小朋友在底下喊：『老師加油！老師加油！』我終於爬上去了，這是我自己當學生的時候想做都做不到的事呢。」

這個女孩之所以能夠堅定且安然地走自己的路，不為外界的聲音所影響，是因為她清楚地知道自己所要的是什麼。她得到了自己想要的，就行了。就像你喜歡喝的是紅酒，別人努力地勸你喝白蘭地、威士忌、米酒，你都不會為之所動。

當然，身為一個社會人，誰也不可能完全無視、漠視他人對自己的建議與評價。很多時候，他人的議論，他人的說道，他人的觀點，他人的態度都

會對自己的心情和行為產生極大的影響。賽場上的啦啦隊員即便不會影響到運動員的成績，至少也會影響到運動員的士氣。可是，當我們認準了目標，並決心要實現這個目標時，就不能太在意旁人的說法和看法。如果老是被別人的看法左右自己的行動；如果讓自己活在別人的目光和唾液裡；如果缺乏主見，一輩子匍匐在別人的腳下，那我們也許一輩子都將一事無成。

百萬富翁的免疫系統

根據研究，那些白手起家的百萬富翁都有有趣的「免疫系統」——很強的心理承受能力。他們有後天獲得的挫敗惡意批評者過激言論的心理盔甲。這些百萬富翁，總是漠視各種批評者和權威人物對自己的負面評價。甚至有些白手起家的百萬富翁們說，某些權威人物所作的貶低的評價對於他們最終取得成功發揮作用——錘鍊鑄就了他們所需要的抵抗批評的抗體，堅定了他們的決心。

誰更能夠經得住一打銀行放貸處官員的負面評價，並且厚著臉皮不斷請求直到貸款被批准呢？那些成功的百萬富翁就能做到，他們總是抵制那些說他們的未來計畫不會有成效的批評者。對他們來說，找到一個明智而開通的放貸專員只是時間和努力的問題。

不要輕易讓別人的指指點點妨礙了自己的腳步。一個能夠堅持自己見解的人是勇敢而有氣魄的，沒有自己立場而只會幫忙捍衛別人立場的人只會一直活在別人的影子裡。

有的人也許會誤認為堅持自己的觀點就是固執己見，其實不然。這裡的堅持自己的看法指的是要有自己的見解，同時也要對自己的見解有信心。有見解並不難，對自己的見解有信心可能有的人會覺得很難做到，認為被批評的見解不應該堅持。

　　堅持自己的觀點就這麼重要，那些看似平常人的人之所以當上領導者，其綜合能力中一定有是否有主見、能否堅持自己的觀點這一選項。這與他將來能否鎮得住場面有很大關係。「力排眾議」是領導者在推行工作中經常要遇到的情況，試想：連自己的觀點都堅持不了的領導者怎麼可能讓群眾信服呢？

　　所以說，想當領導者的人要學會堅持自己的觀點，當然你要努力讓自己的觀點是正確的（或最終證明是正確的），不過這不是一兩天能學會的功夫，而是需要長時間的經驗和知識的累積。

不要太在乎別人說什麼

　　做個有主見的人很難，尤其是當我們有了新奇的想法，要做別人沒有做過的事情時，更是需要頂著輿論的強大壓力。這時候，如果沒有勇往直前的精神，沒有旁若無他的執著，沒有不達目的誓不罷休的決心，那是無論如何也到達不了理想的彼岸的。

　　馬雲在創業之初沒有人相信他的團隊能成功，並且很多人都以為他是騙子，還有一些人以為他是瘋子。剛開始的時候，馬雲心裡多少有點不痛快。但別人說什麼他管不了，他只好忍著。

　　時間長了，馬雲意識到，別人說什麼無關緊要，關鍵是自己怎麼看自己。如果自己都開始懷疑自己，那就不會有今天的輝煌。所以，馬雲堅定地走著自己的道路，別人說什麼，他都不會在意，只要自己信任自己就行。

　　馬雲經常對創業者說：「如果你決心創業，一定要有為它獻出所有的準備。哪怕別人都罵你，都嘲笑你，都認為你不對，你也要咬牙走下去，你就會看到成功的希望。」相信這是馬雲的肺腑之言，因為他是從那個階段一步步走過來的。

第十一章　做個有主見的聰明人

　　馬雲未必是最聰明的，也未必比別人付出的更多，為什麼他成功了，並擁有了財富，而別人沒有？一個重要的原因是他勇於走自己的路，不會因為外界的看法而停止腳步。別人都不看好網購事業，當時做搜尋引擎的人多少？當時做電子商務的多少？當時做 B2B 的多少？為什麼別人不敢做，而馬雲敢做？是因為他相信別人的觀點未必就是正確的。

　　可見，如果在乎別人對你的評價，在乎別人對你的看法，在乎別人對你的感受，你就不會像馬雲一樣成功。有時候很在乎別人對自己的看法的時候，那就會忽略了自己，找不到自身的價值所在，從而失去一次次的機會。

　　我們再來看這個例子：

　　美國著名女演員索尼婭·史密斯（Sonja Smits）小時候在農場裡生活。那時候她在農場附近的小學裡讀書。有一天她回家後就傷心地哭了，父親問時，她斷斷續續地說道：「我們班上一個女生說我長得很醜，還說我跑步的姿勢很難看。」

　　父親聽完她的哭訴後，沒有安慰她，只是微笑地看著她。忽然父親說：「我能夠摸到家裡的天花板。」

　　當時的索尼婭聽到父親的話覺得很奇怪，她不知道父親想要表達的意思，就問：「你說什麼？」

　　父親又重複了一遍：「我能摸到我們家的天花板。」

　　索尼婭完全停止了哭泣，她仰著頭看了看天花板，將近 4 公尺高的天花板，父親能夠得著？儘管她當時還小，但她不相信父親的話。

　　父親看她一臉的不相信，就得意地對她說：「妳不信吧？那麼妳也別相信那個女孩子的話，因為有些人說的並不是事實。」就這樣，索尼婭明白了：不能太在意別人說什麼，只要自己不否定自己就行。

看了兩個例子，我們應該明白，太在乎別人對你的看法，你就不能做真正的自己了。如果什麼事都想著別人怎麼看，你又怎麼能表現出真實的自己呢？而且很多時候你是不需要在乎別人怎麼看的，每個人都會有自己不同的看法，自己認為正確就行。

「走自己的路，讓別人說去吧！」也許你有點不贊成這樣的說法，不過這種說法確實很有可取之處。當然，一個人如果什麼都只按著自己的想法走，也很容易走彎路、走錯路，所以也不能太孤芳自賞、太自戀了。

人要走自己的路，不過要走正確的路；人不能太在乎別人對自己的看法，也不能太一意孤行，而是要做真正的你自己。不要被別人所誘惑，更不能自欺欺人，別人的看法是別人的，說的對了你可以接受，說得不好的你就大可以置之不理。不要讓別人的想法、別人的看法左右了你的決策和行動。

▎當然，主見不是偏見

一個有趣的現象是：那些最沒有主見的人往往認為自己最有主見。為什麼會出現這個情況呢？因為他們把自己的偏見當成了主見。

所謂偏見，指的是無根據地對個人、集團、人種、國民、主義和制度等等持有的某種惡意感情態度。它是不符合事實、帶有否定情緒色彩的主觀判斷。

偏見表現出來的態度傾嚮往往是否定、嫌惡或者疏遠。偏見主體所持的這種態度是可以感覺得到的。如果某一個人對另一個人有偏見，就總會對其表現出不友好的情感，甚至是採取否定、貶低、迴避、遠離、挑剔、壓制等等行為。

偏見是人們主觀意識對客觀事物的歪曲的、不正確的反映。偏見在認

第十一章　做個有主見的聰明人

知方面的特徵，是主體對客體片面誇大的、以點帶面的、絕對化的認知，是知覺和判斷上形成一成不變的僵硬的刻板印象。甚至可以這樣說，人類錯誤認知的所有情況，如主觀片面、孤立靜止、絕對地肯定一切或否定一切、機械抽象和形而上學、不一分為二、忽視具體情況等等，都可以在偏見上表現出來。

偏見是比較頑固的、不易改變的態度，往往使人聯想到「偏執」、「刻板」、「頑固」、「僵化」、「固執己見」、「成見頗深」等等。就偏見持有者的動態特徵來看，它表現出不易改變的特點。

那麼，應該怎樣努力消除或避免偏見呢？

第一，要對產生偏見的傳統觀念、社會習俗進行認真的反思。當然，傳統觀念並不是偏見的代名詞，只有消極的傳統觀念才是產生偏見的根源。這個問題不解決，偏見就無法得以去除。因此，要對傳統觀念進行認真的反思，要真正地換腦筋，要以新的知識、新的思維方式和態度去思考問題。這既是使個體擺脫偏見的積極途徑，也是防止因舊的參照思維方式的摧毀，而導致個體心態失調，陷入非理性之境的需求。

第二，要認真注意資訊來源的可靠性。現實中經常會遇到這樣的情況，當資訊來源於與之關係好的人、很親近的人，偏見者就非常注意；而如果提供資訊的是與他關係不好的人或者是有成見的人，哪怕這個資訊很重要，偏見者也不會相信，或者半信半疑。因此，改變偏見的重要方法之一，既要考慮發出資訊者的可靠性，更要注意資訊本身的可靠性。所謂可靠性有兩個含義，一是資訊內容的專業性、權威性；另一個是資訊發出者對偏見對象的可靠性、重要性。

此外，還要注意對自己所提供資訊的多樣性。社會心理學家的研究指出了一個非常有趣的事實，如果給偏見者提供資訊內容的方向，是與偏見

的內容是一致的，那麼，只要提供「單向性」的資訊就足夠了。相反的，如果提供的資訊內容是與偏見的內容相反，那麼，一定要提供「雙向性」的資訊才更為有效一些。

第三，要注意自己所持偏見形成的特點。一般來說，偏見者的偏見體系一般與以下因素有關，某種偏見獲得越早，就越難改變；某種偏見的情緒色彩越強烈，就越難改變；某種偏見已經成為偏見者的行為習慣，就越難改變；某種偏見如果與多種需求、複雜需求相連繫，就越難改變等等。當注意到自己所持偏見的這些特點後，就應有意識地、主動地去克服偏見。

第四，在克服偏見時要注意人際關係的感情特點。要經常有意識地徵求他人的意見，如自己在處理人際關係問題時，是不是太富個人的感情色彩？對自己的好朋友是不是不太講原則？對自己平時「不中意」的人是不是一視同仁？一般來說，經常做這樣反思的人，能夠大大減少自己偏見的程度。

第五，偏見的產生與自己所屬群體的各種關係有關。因而當自己所屬的群體與其他群體發生矛盾時，應該理智地分析自己所屬群體的特點。不應該「情感代替理智」，不應該過分袒護自己所屬小集團的利益，不應該「派性」太強，一定要秉公辦事。

▌小測試：你是一個有主見的人嗎

有主見的人能自己做出判斷，能獨立完成自己的工作；而沒有主見的人則處處附和眾議，甚至為了取得別人的好感而放棄個人的見解。下面一組測試，可幫助你了解自己的是否有主見，不妨一試。

第十一章　做個有主見的聰明人

1. 公司裡同事有的比你的能力強，有的比你弱，也有的與你不相上下，你希望和誰共事呢？

    A. 比自己強的。

    B. 比自己弱的。

    C. 無所謂，如果一定要選擇的話，選能力接近的。

2. 和朋友散步，幾個人在一起總要有前有後。這時，你喜歡走在朋友的哪一側？

    A. 前面。

    B. 後面。

    C. 不確定。

3. 你的上司因為不明情況，對你進行並不符合實際的指責，你會怎麼辦？

    A. 說明情況，並請求予以澄清。

    B. 儘管心裡很委屈，但擔心給人留下不好的印象，還是忍氣吞聲了。

    C. 介於 A 和 B 之間。

4. 一種時髦的髮型在社會上正流行，你怎麼辦？

    A. 不管多麼流行，我覺得不好看就不剪。

    B. 看有別人都有，自己便忍不住跟風。

    C. 不確定。

5. 你所在的小組要推選組長，有人提張三的名，有人提李四的名，你打從心底贊成李四而不贊成張三，但舉手表決時先表決張三，那你怎麼辦？

    A. 即使多數人舉手同意，我也不舉手。

    B. 看到多數人舉手同意，我也舉手同意了。

    C. 不確定。

6. 你正在聚精會神地做一件工作，朋友告訴你好不容易拿到幾張熱門的演唱會門票，可是你現在並不想去，你怎麼辦？
　　A. 謝絕朋友邀請，繼續做自己的事。
　　B. 你感到盛情難卻，放下工作和朋友看演唱會。
　　C. 權衡一下當時情況決定去還是不去。

7. 假設你是個女孩子，而你可以選擇兄弟姐妹的話，那麼你希望有：
　　A. 妹妹。
　　B. 哥哥。
　　C. 弟弟。

8. 到公園划船，水深船小，有點晃動，這種情形下你會怎樣登上船呢？
　　A. 自己跳上去。
　　B. 扶著朋友的手登上去。
　　C. 不確定。

9. 你到一個風光秀麗的風景區去旅遊，中途迷了路，你怎麼辦？
　　A. 按照導遊圖所標明的方向加以判斷，然後走下去。
　　B. 你內心著急，後悔沒有和熟悉的朋友一起走，只好一路上找人打聽詢問。
　　C. 不拘泥於哪種，最好兩種辦法結合起來用。

10. 你走在大街上，突然下起大雨。在大街兩旁有兩處距離你相同的避雨處，A 處人較多，B 處卻寥寥無幾。那你選擇哪處避雨呢？
　　A. 選 A 處。
　　B. 選 B 處。
　　C. 不確定。

第十一章　做個有主見的聰明人

計分方法

選 A 得 3 分，選 B 得 1 分，選 C 得 2 分。所得的分數相加即為總分。

測試結果

總分為 20 ～ 30：

你自立自強，當機立斷。通常能夠獨立完成自己的工作計畫，不依賴別人，也不受社會輿論的約束。同時，你無意控制和支配別人，不嫌棄他人，但也無需別人的好感。

分數為 10 ～ 20：

你能夠在普通問題上自作主張，並能夠獨立完成，但對某些高難度的問題常常拿不定主意，需要他人的幫助。

分數為 0 ～ 10：

你依賴、隨群、附和，通常願意與別人共同工作，而不願獨自做事。常常會放棄個人主見、附和眾議，以取得別人的好感，因為你需要團體的支持以維持自信心。這樣的人應多培養自己的自主性。

第十二章

改掉「一根筋」的缺點

固執，在生活中並不少見。因為固執，很多朋友分手、戀人告吹、夫妻失和、父子反目。心理學家認為，固執與那種非正常的、頑固的倔強近似，屬於偏執型人格障礙。

固執的人往往堅持成見，不懂得如何去變通自己。在日常工作中表現為缺乏民主性、一意孤行，只相信自己不相信別人。固執心理對於管理者，尤其是主要管理者來說，危害性是很大的。久而久之，團隊民主性削弱，戰鬥力削弱，既影響事業發展，也會使管理者處於苦惱的孤立狀態。

因此，固執者對自己的錯誤要主動承認，不要頑固地堅持自己的觀點。要養成善於接受新事物的習慣，改變自己的思路和處理問題的方法。

從前，有一個國王，長得身高體壯，但一隻眼睛是瞎的，一條腿是瘸的。一天，他找來三位有名的畫師給他畫像。

第一位畫師擅長工筆，按照國王的樣子畫得逼真如實。國王看過畫像上自己的尊容後，氣憤地說道：「這叫什麼畫家！」當即就叫衛士把這位畫師的頭也砍了。

第二位畫師擅長寫意，把國王畫得雙目炯炯有神，兩腿粗壯有力，而且膀大腰圓，英俊威武。國王看過畫之後，又是一臉怒氣：「這是個善於逢迎的傢伙。」他叫衛兵把這位畫師推出去斬首。

輪到第三位畫師了。他把國王畫成正在打獵的樣子：手舉獵槍托在瘸腿上，一隻眼緊閉著瞄準前方。國王看了十分高興，獎給他一袋金子，讚譽他為「天下第一畫師」。

如實逼真不行，善於逢迎也不行，有沒有第三條路？

——當然有，那就是：在原則允許的範圍內巧妙變通。

做人不要太死板

有這樣一個故事：

從前有一位神仙抱怨財神，說財神嫌貧愛富，光給富人送財而不給窮人送。財神笑著說：「這不怪我，這都是有人太死板，太固執，給他機會他都抓不住。」

神仙不相信財神的話，他說：「你把元寶送給人，我不信他不要。」

兩位神仙正說著，兩個人走了過來。財神說：「我把兩個元寶放在小橋中間，你看他們撿不撿。」於是財神在小橋中間放了兩個元寶。那兩個人慢慢走上了橋頭。一個人笑著說：「別看這橋窄，我閉著眼就能走過去。」另一個人說：「你能我也能。」

兩個人就開始打賭，他們都閉著眼過橋，誰也不准睜眼，誰睜眼誰輸。兩個都是老實人，誰也沒有睜眼。當走到橋中間時，一個元寶絆住了走在前面那個人的腳，那人踢了一下說：「誰把石頭放在橋中間？」這時，財神又把另一個元寶移到後面那個人腳前，那個人也說：「哎呀，我也踩到了一塊石頭。」這時，那位神仙才信了財神的話。

做人死板到踩到元寶也不睜眼的分上，看來這兩個人要發財真的很難了。如果換了聰明的人，當他們碰到元寶的時候，他們一定會低頭看看。

在生活中，太死板的人很多，就比如說喝酒。人們常說：別人勸酒要裝暈，千萬不能太單純。喝酒本來是很正常的事情，但勸酒就使它變得複雜了，不會喝酒的往往會被灌得分不清南北，你若是不喝酒，別人一定不高興，說你看不起他，說你沒有誠意……但並不能因此就大喝特喝。你應該說自己已經不行了，也沒人會硬逼著你喝。

因此，做人不要太死板，許多時候善意的謊言是必要的。善意的謊言

不是完全的欺騙，而是解救自己的方法。任何善意的謊言都有潤滑作用，可以用來保護自己或避免傷害別人。

另外，經常說一些好聽讚美別人的話，來取代原本惡意的諷刺或者負面的批評。太死板了往往會得罪人，恰如其分的讚美才能獲得別人的好感。讚美別人不是拍馬屁，而是一個實在的人應當掌握的基本生存技巧。如果你學會了讚美別人，你就學會做人了。人不是天生如此，而是要主動地去「做」人，因為人是「做」出來的。

一個人只有不死板了，他才能靈活多變地面對自己的生活，他才可以讓自己少吃些虧，而且適當的圓滑是必要的，一個不了解人情世故的人是無法在這個社會立足的。

▌沒人喜歡固執的人

生活中，那些固執的人很難與人相處，也經常會與別人發生矛盾。時間長了，周圍的人都會對他產生厭惡之情。他們不討人喜歡的原因在於：

◆ **完全喪失了幽默感**：小劉與同事發生了矛盾，他固執地認為自己正確，一個上午都在為此生氣。吃飯的時候，他點了一份豬排一個人悶悶地吃。小張開玩笑說：「嘿，一個人吃獨食？」未等小張再開口，小劉劈頭就是一句「滾」，小張碰了冷屁股，就走開了。開玩笑都不懂，別人怎麼還敢靠近你。因此，當自己由於情緒不好而隨便發脾氣，完全喪失了幽默感時，就該注意了，是自己的固執在作怪。

◆ **很難與別人合作**：固執的人不想與他人合作，但很多工作的順利完成都要歸功於群體的合作，群體的力量是不可忽視的。很多事情都不是一個人能夠獨立完成的，尊重每一個人，不要輕視任何人的能力，因

為每個人都會在所在的位置形成不可替代的作用。只要放棄自己的固執，並用真誠的態度與他人合作，別人一定會喜歡你。

◆ **對什麼事情都不滿意**：固執的人是一個完美主義者，沒有什麼能夠讓他十分滿意，他總是說「可以」、「還行」、「不太滿意」，他會認為他的標準是最完美的。如果他對同事、朋友也抱著這樣的態度，對方一定會厭煩。

◆ **拒絕別人的熱情和關懷**：生活中，有一些熱心人士，喜歡噓寒問暖，總是熱心去幫助別人。但固執的人卻不領情，他很冷漠，認為自己有能力面對生活，面對事業，不需要別人的關懷。可別忘了，你再厲害，再有能力，也有不行的一面，因為你也是一個人。

▌固執的人應學會變通

「不以規矩，不成方圓」，這是古代的一句名言，是告訴我們規矩的重要性，可是如果過於規矩，認為規矩只能立而不能改變，那就是迷思。對於固執者而言，他們應該讓自己學會變通。

有這樣一個故事：

在一座山上住著兩個年輕人，一個叫小張，一個叫小李，一天他們相約到外地去做生意，於是他們變賣了些田產，就帶著一部分錢財和驢子上路了。走了很遠的路後，他們到了一個生產布的地方，小張對小李說：「在我們那裡，布是很值錢的東西，我們把所有的錢換成麻布，帶回故鄉一定會有利潤的。」小李同意了，兩人買了布，捆綁在驢子背上繼續趕路。

又過了些日子，他們到了一個盛產毛皮的地方，小張對小李說：「毛皮在我們故鄉是更值錢的東西，我們把布賣了，換成毛皮，這樣我們的本錢不單回收了還能有一點利潤啊！」

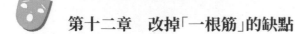

小李卻說：「不了，我的布已經很安穩地捆在驢背上，要搬下來多麼麻煩呀！」

小張就把自己的布全換成毛皮，還多賺了一筆錢，而小李卻固執地讓驢馱著那捆沉重的布。兩個人又繼續趕路。當他們來到一個生產藥材的地方，小張對小李說：「藥材在我們家鄉是更值錢的東西，你把布賣了，我把毛皮賣了，換成藥材帶回故鄉一定能賺大錢的。」

小李固執地搖搖頭說：「不了，我的布已經很安穩地在驢背上，何況已經走了那麼長的路，卸下來太麻煩了！」

聰明的小張把毛皮都換成藥材，又賺了一筆錢，而小李依然讓驢背著麻布。後來，他們來到一個盛產黃金的城市，那裡到處是金礦，但是很欠缺藥材和布。小張見狀，就賣了藥材，換成黃金，大賺了一筆，小李依舊讓驢背著布。

最後，他們回到了故鄉，小李賣了麻布，只換得了很少的一點錢，而小張把黃金賣了，成為當地最大的富翁。

從這個故事中，我們可以看出變通有多麼重要，大禹治水的故事每個人都知道，為什麼大禹會那麼聰明地用「疏導法」來治水，而他的父親卻不知道呢？難道是大禹真的比他父親聰明嗎？其實不是這樣的，只是因為大禹善於變通，他能夠開動腦筋想辦法。

因此，我們必須善於變通。當環境或者形勢發生變化時，我們的處世方式也應該隨之改變，否則就會吃虧或者敗下陣來。適應性是人類適應周邊環境的生存能力，靈活性是人改變自己的能力，它是活力的表現。

英國劇作家蕭伯納（George Bernard Shaw）說：「明智的人使自己適應世界，而不明智的人只會堅持要世界適應自己。」一個固執的人要想獲得成功，就必須學會變通。假如你遇到挫折，請不要灰心、不要害怕，有一

條路可以讓你突破障礙到達目的地，這條路就是變通。

世界變化多端，前進的道路上充滿了選擇，那些成功人士發現，在通往成功的路上，必須要能適時地靈活變通，否則道路就會崎嶇難行。因此，在現代社會，靈活變通顯得十分重要，它將成為你棋高一籌的標誌，讓你少受一些挫折。

▎轉變思路，尋找出路

有這樣一個故事：

一個 A 鞋廠的推銷員和一個 B 鞋廠的推銷員，一起來到太平洋一個島國推銷鞋。他們看到了一個事實：這裡的人不穿鞋。

於是，A 鞋廠的推銷員向廠部發回訊息說：「這裡的人不穿鞋，鞋在這裡沒有市場。」然後就離開了這裡。

而 B 鞋廠的推銷員則向廠部發回訊息說：「這裡的人還沒有穿鞋，市場前景看好。」然後他把一雙最好看的鞋送給國王穿，這裡的人看到國王穿鞋，結果人人都想穿鞋。於是他在這裡開設了賣鞋的商店……

後來，A 鞋廠倒閉了，B 鞋廠發財了。

面對同樣的事實，卻得出兩種截然不同的結論，因為思路不同，看問題的方法不同，產生的行動就不同。A 鞋廠面對沒人穿鞋的現狀，固執地認為這裡不會有市場，而 B 鞋廠面對現狀卻能改變思路，從而找到了打開銷路的好辦法。

有什麼樣的思路，就會有什麼樣的出路，這就叫思路決定出路。對於普通人，思路決定自己一個人和一家人的出路。對於領導人，思路則決定一個組織、一個地方，乃至一個國家的出路。同時，轉變思路，還可以讓我們減少支出，就讓我們再看這個例子：

一個猶太人走進紐約的一家銀行，來到貸款部，靜靜地坐下來。「請問先生有什麼事情嗎？」貸款部經理一邊問，一邊打量著這個猶太人的穿著：豪華的西服、高級皮鞋、昂貴的手錶，還有鑲寶石的領帶夾子……

猶太人開口說：「我想借些錢。」

經理問：「好啊，你要借多少？」

猶太人說：「1 美元。」

經理不解地問：「只需要 1 美元？」

猶太人說：「不錯，只借 1 美元。可以嗎？」

經理說：「當然可以，只要有擔保，再多點也無妨。」

猶太人說「好吧，這些擔保可以嗎？」

說話間，猶太人從豪華的皮包裡取出一堆股票、國債等等，放在經理的寫字臺上。並對經理大聲說：「總共 50 萬美元，夠了吧？」

經理又問：「當然，當然！不過，你真的只要借 1 美元嗎？」

猶太人回答：「是的。」說著，猶太人接過了 1 美元。

經理解釋說：「年息為 6%。只要您付出 6% 的利息，一年後歸還，我們可以把這些股票還給你。」

猶太人說：「謝謝。」

猶太人拿著錢大搖大擺地離開了。而一直在遠處觀察的行長百思不得其解，他不明白，擁有 50 萬美元的人，怎麼會來銀行借 1 美元？

行長追上猶太人問：「啊，這位先生……」

「有什麼事情嗎？」

「我實在搞不清楚，你擁有 50 萬美元，為什麼只借 1 美元？要是你想借 30、40 萬美元的話，我們也會很樂意的……」

猶太人笑笑說：「其實，我並不是來借錢的，我只是想把自己的股票放在你們這裡。我去過幾家保險公司，他們保險箱的租金都很昂貴。所

以，我就想來你們銀行，如果我用股票抵押來借款，比我放在保險箱裡要省很多錢……」

看了這個故事，你會覺得猶太人太精明了，他們的思路總是和別人不一樣。因為在一般人看來，貴重物品就應該存在保險箱裡，但猶太人卻不恪守陳規，他只花了 1 美元就達到租用保險箱的效果。看來，善於轉換思路思考問題，會大大降低支出或成本。生活中，做事情的方法很多，但只有一種方法是最佳的，只要你開動腦筋去想，轉變自己的思路，你就能找到這個方法。

所有這些告訴我們，在解決問題的時候，讓思維轉個彎，讓思路變個道，一念之差，一步之遙，就會化解不少問題，解決很多困難。

無意義的固執必須放棄

「鍥而不捨，金石可鏤。」這是古人留下的一句著名的治學格言，也是為世人推崇的成才之道。

其實，苦學不輟持之以恆只是一個人成才的條件之一，而其他條件，譬如機遇、天賦、愛好、悟性諸項也是缺一不可的。如果你研究某一學問、學習某一技術或從事某一事業確實條件太差，而且經過相當的努力仍不見效，那就不妨學會放棄，以求另闢蹊徑。

人生苦短，韶華難留。選定目標，就要鍥而不捨，以求金石可鏤。但若目標不適，或主客觀條件不允許，與其蹉跎歲月，師老無功，就不如學會放棄，「見異思遷」。如此，才有可能柳暗花明，再展宏圖。班超投筆從戎，魯迅棄醫學文，都是改換門庭後大放異彩的楷模。可見，如果能審時度勢，揚長避短，把握時機，放棄就是一種理性的表現，也不失為一種豁達之舉。

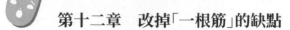

第十二章　改掉「一根筋」的缺點

　　諾貝爾獎獲得者楊振寧和崔琦就是善於且勇於放棄的人。1943 年，楊振寧遠赴美國留學，受「物理學的本質是一門實驗科學，沒有科學實驗，就沒有科學理論」觀念的影響，他發誓要寫一篇實驗物理論文。就這樣，在教授的安排下，他跟有「美國氫彈之父」之譽的泰勒博士做理論研究。在實驗室工作的近二十個月中，楊振寧成為大家開玩笑的對象：「凡是有爆炸（出事故）的地方，就一定有楊振寧！」

　　面對自己失誤，楊振寧開始思考出路！在泰勒博士的指導下，楊振寧經過激烈的掙扎，他果斷放棄了寫實驗論文的打算，毅然把主攻方向調整到理論物理研究上，從而踏上了物理界一代傑出理論大師之路。假如這時他固執地堅持實驗研究，那楊振寧就不會有今天的成就，更別提用他的理論影響世界了。

　　看來，成功者的祕訣是要善於隨時審視自己的選擇是否有偏差，並合理地調整目標，放棄無意義的固執，從而輕鬆走向成功。雖然堅持是值得肯定的特質，但在某些事情上，過度的固執和堅持，就會導致更大的浪費。因此，在沒有勝算把握和科學根據的前提下，應該見好就收，勇於放棄。

　　諾貝爾獎得主萊納斯・鮑林（Linus Carl Pauling）說：「一個好的研究者應該知道哪些構想該發揮，哪些構想該丟棄，否則，會浪費很多時間在毫無用處的構想上。」

　　牛頓早年是「永動機」的狂想者，認為這個理論可以實現。在經歷多次失敗之後，他就不在固執了，決定放棄對永動機的研究，然後在力學中投入更大的精力。牛頓因擺脫了無意義的固執，才在其他方面獲得了巨大的成功。

　　由此可見，人們在確定目標並為之奮鬥的時候，不能忘記及時檢視自己的選擇，並做適時調整。要學會放棄無謂的固執，為自己的人生作出明智的選擇。

堅持與放棄有矛盾嗎

也許有讀者看到這裡，心裡會有一個疑問：你前面說我們要有堅持到底的韌性，怎麼現在又提倡放棄呢？這不是自相矛盾嗎？

其實，堅持與放棄，看似矛盾，實則統一。有人曾問一位成功的企業家成功的祕訣是什麼？這位企業家毫不猶豫地回答：第一是堅持，第二是堅持，第三還是堅持。沒想到他最後又加了一句：第四是放棄。確實，在一定的條件下，放棄也可能成為走向成功的捷徑。條條大路通羅馬，東邊不亮西邊亮。尋找到與自己才能相匹配的新的努力方向，就有可能創造出新的輝煌。

人不應該輕言放棄，因為勝利常常孕育在再堅持一下的努力之中。古時愚公移山，是偉大的堅持；科學家的發明創造也是一種偉大的堅持。法國傑出的生物學家路易·巴斯德（Louis Pasteur）有句名言：「我唯一的力量就是我的堅持精神。」不少人在前進的道路上，本來只要再多努力一些，再忍耐一些，就可以取得成功，但卻因放棄與即將到手的成功失之交臂。只有經得起風吹雨打，在各種困難和挫折面前永不放棄的人，才有可能獲得成功。但是，如果你已經付出了最大的努力，卻未取得理想的結果。這就需要認真考慮一下：如果是自己選定的目標、方向同自己的才能不相匹配，就需要勇敢地選擇放棄，尋找另一條出路，沒有必要在一棵樹上吊死。軍事上有「打得贏就打，打不贏就跑」之說，明明知道不是敵人的對手，勝利無望，卻硬要拿雞蛋往石頭上碰，白白去送死，不是太蠢了嗎？這時最好的選擇就是「打不贏就跑」。這不是怯懦，而是一個有大智慧的勇敢：勇敢地承認自己的選擇錯了。

當然，勇於放棄並不是毫不在乎，也不是隨隨便便，而是以平常心對待一切，既要抓住機遇，勤奮努力，又要放棄那些不切實際的幻想和難以

實現的目標，做到不急躁、不抱怨、不強求、不悲觀。人生在世，不可能沒有追求，沒有為之奮鬥的目標。但是人生如果總是無休止地追求，而不知道放棄，對完全沒有實現可能的目標仍然窮追不捨，結果不但會無端地浪費時間和精力，而且會因達不到預想目標而煩惱不堪，痛苦不已。正確的態度是：既要有所追求，又要有所放棄，該得到的得到，心安理得；不該得到的，或得不到的則主動放棄，毫不足惜。學會放棄，你就會告別因求之不得而帶來的諸多煩惱和苦悶，就會丟掉那些壓得你喘不過氣來的沉重包袱，就會輕裝前進，就會活得瀟灑和滋潤。

拿創業來說，放棄對於每一個創業者來說都是件痛苦不堪的事情。然而，在適當的時候放棄是一種成功。因為，適時的放棄能讓你騰出精力去做更有意義的事情，能讓你避免浪費有限的資金以便東山再起。

說放棄令人痛苦不堪既表現在它猶如割肉般痛苦，還表現在極難把握放棄的時間，掌握好度是非常困難的。我以為，當你確認現有的資金無法讓你支撐到新的資金注入時，應該果斷地放棄。如果你一定要堅持到「彈盡糧絕」，那麻煩就會更大，千萬別去賭「天上會掉下餡餅」來。當市場發生重大變化使你的核心競爭力大大降低，而你又無法拿出應對措施時應該放棄，別讓自己「死」得太慘，如果那樣，也許你連東山再起的機會都沒了。

▍小測試：你是一頭「犟牛」嗎

人們戲稱那些九頭牛也拉不回來的固執者為「犟牛」，看看你是否是那頭「犟牛」？

以下有 8 個題目，你不妨一一作答。

1. 你是否對別人要求很高？
2. 你是否喜歡責怪別人製造麻煩？
3. 你是否感到大多數人不可信？
4. 你會有別人沒有的想法和念頭嗎？
5. 自己無法控制發脾氣？
6. 經常感到別人不理解你，不同情你？
7. 認為別人對你的成績沒有作出恰當的評價？
8. 老是覺得別人想占你的便宜？

得分標準為：沒有（1 分）；很輕（2 分）；中等（3 分）；偏重（4分）；嚴重（5 分）。

總分 10 分以下者不存在固執的情況，是個心平氣和的人；15 ～ 24分，可能存在一定程度的固執；25 分以上，說明你有偏執的症狀，要學會控制情緒。

第十二章　改掉「一根筋」的缺點

第十三章

將膽怯懦弱扔進太平洋

怯懦者喜歡找尋平坦的路，在有限的年歲中，他們總是在選擇舒適和安逸；而勇敢者則喜歡攀登一個又一個高峰，去奮力挑戰一個又一個極限。

「富貴險中求」。其實，睿智的古人早就為渴望建功立業的人指明了路徑。

一位鄉下老太太，每個月都要坐火車到城市去看兒子。火車在中途需要穿過一條漫長的隧道，才能到城裡。老太太平生非常害怕隧道。她也不顧別人取笑，總選在前一站下車，然後改搭公車進城，以避過漆黑的隧道。有一次她竟在車上沉睡，結果在酣睡中透過了平時最害怕的隧道，醒來時火車已開進城了。

害怕只會毀掉一個人。在我們穿越人生隧道時，不妨就讓我們害怕的神經睡去，把那從害怕中節省下來的能量用來欣賞隧道那邊的美景吧。

▎成功青睞膽大者

不少人常用後悔的口吻說：當年我要是如何如何，今天已成就富貴了。看好了一條路，卻不敢去走，是人生悔恨的常見原因。為什麼當時沒有膽量呢？

成就一番事業，過去的說法是取決於一個人智商的高低。後來，又有人發現情商其實也很重要。而在當今這個紛繁複雜的環境中，又有膽商這一新鮮的字眼躍入了人們的眼簾。

智商，是表示人的智力高低的數量指標，也可以表現為對知識的掌握程度，反映人的觀察力、記憶力、思考力、想像力、創造力以及分析問題和解決問題的能力。情商，就是管理自己的情緒和處理人際關係的能力。膽商，則是一個人膽量、膽識、膽略的度量，表現了冒險精神。專家認

為，在成功商數中，智商是成功的必要而非充分的條件，情商是成功的心理基礎，膽商是成功的前提。要事業有成，三者一個也不能少。

智商並不是固定不變的，它可以透過學習和訓練得到開發成長。走向成功，就必須不斷學習 —— 不僅從書本中學習，而且向社會學習，向周圍的同事和自己的上司學習 —— 不斷累積智商。同樣，面對快節奏的生活、高負荷的工作和複雜的人際關係，沒有高情商，只是埋頭工作，也是難以獲得成功的。

在這裡，編者想多說說膽商。膽商高的人具有非凡的膽略，能夠臨危不亂、破釜沉舟、力排眾議；具有決策的魄力，能夠把握機遇，該出手時就出手，以最快的速度應對環境的變化。沒有敢為天下先、勇於承擔風險的膽略，任何時候都成不了大業。大凡成功人士，都有著敢闖敢試敢做的過人膽略。一個創業者、企業家的膽商，在某些關鍵時刻，甚至決定企業的興衰成敗。

現實生活中，隨處可見由於「膽商」未能達標，使得許多好想法束之高閣，許多新舉措流於空談，許多好機制難以見效的例子。想法太多，導致顧忌太多，口稱「好箭」，僅在手中搓來搓去，就是不敢射出去，有何益處？

某媒體負責人曾經對「智商」、「情商」和「膽商」的關係做過如下評述：「智商反映的是一個人的智力、知識結構，這些是做出決斷的基礎；情商反映的是一個人和其他人打交道的能力，在不同環境中的應變能力，這是做出決斷的前提；膽商則是在該做決斷的時候勇於拍板的勇氣。三者相輔相成，缺一不可。沒有智商的膽商是莽撞；而缺乏膽商的智商則會表現為優柔寡斷，前怕狼後怕虎，只會貽誤大好時機。」

當然，有冒險就有失敗的可能，失敗是冒險的成本。世上沒有萬全之

策，生活中到處可見成本。有人戲言：向前邁步的成本是不能後退，歡樂的成本是忘卻痛苦；偷懶的成本是失去工作，勤勞的成本是引來妒忌；學習的成本是寂寞，思考的成本是孤獨；清高的成本是失群，隨和的成本是被輕視；權利的成本是義務，貪圖享樂的成本是虛度年華；分工的成本是知識的分立和訊息的不對稱，合作的成本是個人服從組織和兼容並蓄；規範的成本是創新，創新的成本是風險；死的成本是一無所知，而生的成本是喜怒哀樂愁。等有了百分之百的保險係數再去做，那就真是什麼事情也做不成了。

排在第一的恐懼

1977 年，一本名為《列表之書》的圖書暢銷全美。其中，有一章的標題是〈人類的十四種恐懼〉。你知道排在第一的恐懼是什麼嗎？不是死亡（死亡排名第七），不是蛇蟲虎豹，居然是「在一群人面前講話」！

在一群人面前講話真有這麼恐怖嗎？不知道讀者有沒有類似的經歷，比如學生時代伶牙俐齒的你，班會時被叫到講臺上發言，你是否面紅耳赤、不知該講什麼。相信這樣的經歷在多數讀者中有過，並且還在延續著。

一個善於推銷自己的人，能夠在一群人面前，或者是位高權重的大老闆面前侃侃而談，不扭捏、不慌張、不緊張。這種落落大方的特質，是個人能力的一個側面反映。一個做事業的人，除非做的只是成天枯坐書齋、華羅庚式的孤寂事業，否則總離不開出色的語言才能作為助力。

李開復博士是 Google 全球副總裁兼大中華區總裁，負責 Google 中國公共關係事務以及 Google 中國工程研究院的營運工作。他在其著作中，一再強調積極主動地推銷自己對於一個人的成功是多麼重要。他回憶自己走過的路時，這樣寫道：

「記得當我在蘋果工作時，有一段時間公司經營狀況不佳，大家士氣低落。這時，我看到了一個機遇：公司有許多很好的多媒體技術，但是因為沒有用戶界面設計領域的專家介入，這些技術無法形成簡便、易用的軟體產品。」

「於是，我寫了一份題為〈如何透過互動式多媒體再現蘋果昔日輝煌〉的報告。這份報告被送到多位副總裁手裡，最後，他們決定採納我的意見，發展簡便、易用的多媒體軟體，並且請我出任互動多媒體部門的總監。」

「多年以後，一位當年的上司見到我，他深有感觸地對我說：『當時，看到你提交的報告，我們感到十分驚訝。以前，我們一直把你當作語音技術方面的專家，沒想到你對公司策略的把握也這麼在行。如果不是這份報告，公司很可能會錯過在多媒體方面發展的機會，你也不會有升任總監和副總裁的可能。今天，在 iPod 的成功裡，也有不小的一部分要歸功於你和你那份價值連城的報告。』」

「在微軟公司，大家都很重視向比爾·蓋茲每年四次的匯報工作成果的機會。在報告開始的幾個月前，全球各研究院就開始提早排隊，報上最得意的成果。」

「微軟中國研究院剛成立的那一年，當幾個研究專案都還沒有得到最終結果的時候，我就冒險爭取了六個月後向比爾匯報兩個研究成果的機會。因為那時我知道很多人對中國研究院還不太理解，如果能在比爾面前成功地演示我們的研究成果，就會對研究院的發展提供很大的幫助。」

「當時，我知道有四個研究專案各有 60% 以上的可能性在六個月後得到好的結果，但是，我不能等到百分之百確定後再去申請。於是，我用兩個措辭含糊的報告題目預訂了位置。六個月後，果然有兩個專案得到了非

常好的結果，於是，我們修改了報告題目，十多個人飛到美國為比爾做了現場演示。那次匯報非常成功，得到了比爾的高度評價。

「報告的第二天，比爾對所有的公司上司說了他著名的那句話：『我敢打賭你們都不知道，在微軟中國研究院，我們擁有許多位世界一流的多媒體研究方面的專家。』是這句話開始建立了中國研究院在公司的信譽的。」

談了自己的過去之後，李開復做了這樣的總結——

「顯然，如果我總是消極地等待，那麼，我們恐怕就要錯過向比爾匯報研究成果的機會了。」

李開復認為：「在全球化和資訊化的時代裡，那些能夠積極推銷自我的人更容易脫穎而出。」他還談到了華人與美國人之間在推銷自己時的差距，他認為美國人很能說（說也是推銷自己的一個重要方式），他們充分地表達了自己的工作成績，而中國人在很多時候做得很好（做當然也是推銷自己的一個方式），卻沒有展現出來。李開復認為這是一個遺憾。

光說不練絕對不是一個人成事的方式，但光練不說在成事的策略上也是一個遺憾，最好既說又練。大聲地告訴別人：你是誰，你能做什麼，為什麼你能做到，你想從中得到什麼……

在分享了李開復先生的經歷以及感悟時，筆者想到了中國南朝時一個叫鮑照的人。鮑照出身卑微，投奔當時聲名顯赫的臨川王劉義慶，卻未受到重用。於是他想到向劉義慶獻詩以表明自己的才能，不料此舉被朋友極力勸阻，朋友說：「你現在地位很卑下，最好還是別輕易觸犯劉義慶。」鮑照大聲地說：「歷史上有才華卻懷才不遇的落魄人士，實在是數不勝數，就像蘭草與艾草混合一處，不被人識；大丈夫豈能隱藏自己的聰明才智，終日碌碌無為，同燕雀之輩相廝守呢！」鮑照執意將自己的詩文呈獻給劉

義慶。劉義慶讀完鮑照的詩文後，對鮑照極為欣賞，先是賜給鮑照二十匹帛，不久又將他提拔為國侍郎。

　　無論古今，能夠像鮑照般勇敢地推銷自己的人實在不多，因為我們從小所受的教育，大都是做人要謙虛一點、含蓄一點、內斂一點，總奢望能夠重演「三顧茅廬」的故事，而不希望溫習「毛遂自薦」的功課。大家覺得只有被伯樂三顧茅廬才有面子，但別忘了，現在的人才市場有一個供大於求的特徵，我們不主動走向市場，就將失敗於職場。

　　別太在乎自己的面子和架子，花點心思與力氣將自己推銷出去，否則就不會有人在乎你是誰。想要證明自己，最好先主動地讓別人認識自己、記住自己、接受自己、欣賞自己。記住：即使是諸葛亮活在今天，他也得拚命地推銷自己。

▌扔掉依賴的拐杖

　　有一天，王先生帶兒子去醫院拔牙，兒子是性格怯懦的孩子，很害怕拔牙。王先生就安慰孩子：「別怕，爸爸會守在你的身邊。」誰知進了診療室，兒子卻抓住王先生的手不肯放，哭著鬧著不讓醫生拔牙，醫生拿著工具站在那裡嘆氣。王先生努力安慰兒子說「別怕，不痛」，但兒子依舊抓著他哭。

　　就在這時，有一個老醫生走過來對王先生說：「請你出去，離開你的兒子！」

　　王先生問：「為什麼要這樣做？」

　　老醫生笑著說：「你出去一會就知道了！」

　　王先生說：「那好吧！」

　　但兒子卻嚷著說：「爸爸，你別走，我好害怕……」

王先生忐忑不安地在外等待著，過了一會，兒子平靜地走了出來。王先生急切地問：「兒子，痛嗎？你哭了嗎？」

兒子說：「有點痛，可我一聲也沒哭！」

王先生又問：「如果我在，你還哭嗎？」

兒子笑著說：「我想，我會哭的！」

帶著疑問，王先生問了那個老醫生，老醫生回答說：「你知道當時我為什麼要你出去嗎？你守在孩子的身邊，孩子感受到依賴，就會撒嬌、任性。我讓你離開你的孩子，是要促使孩子自己去面對痛苦和磨難。孩子沒有了依靠，自然會丟掉幻想，用自己的意志和毅力去戰勝怯懦和疼痛。」

王先生恍然大悟，說道：「原來如此啊，我終於找到改變兒子怯懦性格的方法了！」

老醫生的話含有深刻的哲理，令人深思。不但怯懦的孩子總是依賴父母，在生活中，那些怯懦者也習慣於去依賴別人，喜歡在別人的保護傘下生活。從而讓他們失去了鍛鍊機會，變得越來越沒有勇氣，越來越沒有鬥志，成功也變得遙不可及。

依賴是怯懦者中最常見的行為，這樣的人，無論在何種情況下，做任何事情總是習慣把別人或者外界的幫助、支援考慮進去。這種依賴思想的惡果是：讓怯懦者更加逃避現實，總把希望寄託在別人身上，自己對於任何事情沒有把握，更不敢嘗試挑戰。

依賴是懶惰在作祟，過分的依賴就是怯懦的具體表現。另外，依賴別人，就常常會受制於別人，而受制於別人是非常危險的。依賴要不得，一個哲人說，遇到事情，不要總是想著尋找別人的救助，要想辦法自己解決，這樣你才能勇敢。

依賴只會讓怯懦者更加怯懦，所以，一定要去掉身上的依賴。依靠別

人不如依靠自己。依靠自己就是勇於承擔責任、承擔風險。自己決定自己想做的事情，這樣可以最大限度地挖掘自身潛能，最大限度地調動自我的積極性、主觀能動性，多方位調劑自己，有效發揮自我的潛能。

讓自己脫穎而出

很多人都曾經有過這樣的經歷和體驗：當你剛剛步出學校大門，當你剛剛成為服兵役者的一員，或者當你剛剛成為一個新社團、新企業的一大批職員的一員，你會感覺到你與你周圍的人並沒有什麼兩樣。他們自然不會比你高一頭，你也肯定不會比他們矮一截。可謂各懷心思，旗鼓相當。當一段時間以後，如果你在一個偶然或者必然的場合，不論你採取何種方法和手段，突然間顯露出自己即使是不太成熟和完美的思維、能力和才能，你就會出之於眾，你就會贏得上司的注重。或許，這就叫做你邁出了眾人的行列。但這僅僅是第一步，僅僅是開始。

在羅斯福任職美國總統期間，有位名叫辛斯狄的年輕海軍中尉給他寫了一封信，主要的內容是「海軍不能射擊電桿」。為此，辛斯狄是冒了相當大的風險的。原先，他曾將自己的建議向他的主管長官、海軍部長陳述過，所得到的是反對的意見。要知道在嚴厲的兵營中越級上報的風險是極大的，稍有失誤將會受到軍法處治。年輕的辛斯狄對自己的建議充滿信心，於是他毫不猶豫地直接呈辭總統羅斯福。

辛斯狄有超人的智慧和精深的見解，更令人欽嘆的是他能夠將自己的智慧和見解打破傳統慣例地表現出來。羅斯福總統對辛斯狄的建議大加讚賞，並命令海軍官兵執行這一建議。

也正是因為這一舉動，辛斯狄得到了應有的注意，從隊列中脫穎而出。後來一直青雲直上，升為海軍大將。在歐洲戰場，他是戰時艦隊總司

令，被譽為對當代海軍建設最有貢獻和才能的人。

不過，應當提醒注意的是，這是冒險的策略。在使用這種策略時應有十分的把握確信這種策略的結果定能適合迫切且合情合理的需求。深明這一點，你所冒的危險常會得到豐富的意想不到的報酬。

成名後的戴爾‧卡內基（Dale Carnegie）曾經說過：「一個人如不能破壞一條規則以拯救創造這條規則的人，他是一個無用的人。」他還說，「一個人如果不能破除自己工作中陳腐的規定、程式和法則，這個人的能力已經到了他潛力的極限。」

其實任何事情都是如此。在許多領域中，有許多規律其實早已失去其效用，而一般人之所以仍遵守舊則，只是為了方便和穩妥起見。因此，能向這種所謂的神聖不可侵犯的規則、條款挑戰的行為，是大有作為的，也是獲得上司或雇主注意和建立威信的方法。不過，這樣說並不是排斥一般情況下的服從和遵守紀律與常規，這是每個現代人所必備的素養。只是當一件事將走入或已走入歧途時，能夠想出方法來預防或者挽救局面的部屬，才是一名有為的部屬。

另一點要提及的是：自命權威而無法令別人信服，發號施令而得不到別人的遵從與響應，都說明性格中存在致命的地雷。如果一個人能度過這一關，他就可以得到豐富的報償。

所以，知道自己的價值，同時也知道在何種時機用何種方法表現出來，是兩件很難做的事情。兩者結合的技巧之一就是隨機應變。

湯姆斯是一個由測量助手升為中央鐵路公司局長的人，他的提升經歷可謂一帆風順。他曾經告訴人們博得榮升的訣竅：「寂靜地、順利地讓你的上司注意到你是一個能夠被提拔的人；其次是估量你上司的事情的大小，預備你自己去填補。」

一個真正向上進取的人，一旦有機會來臨，就要有抓住機遇的強烈欲望。只是要注意，不僅要想跨上新興事業的途徑，也要避免沒有出路的事業。

一個人之所以能夠邁出眾人的行列，之所以能夠脫穎而出，一半屬於他的努力與智慧，一半屬於他恰逢時機地抓住機遇。

有位身材矮小、頭髮稀少、相貌平平的青年叫戴克。有一天早上，戴克到達辦公室的時候，發現一輛破毀的車身阻塞了鐵路線，使得該區段的運輸陷於混亂與癱瘓。而最糟的是，他的上司、該段負責人司各特又不在現場。

當時還只是一個送信員的戴克面對這樣的事情該怎麼辦呢？守職的辦法是：或者立即想辦法通知司各特，讓他來處理；或者坐在辦公室裡做自己分內的事。這是保全自己不冒風險的做法，因為調動車輛的命令只有司各特段長才能下達，他人越權就有可能受處分或被革職。但此時貨車已全部停滯、載客的特快列車也因此延誤了準點開出時間，乘客們十分焦急。

經過認真、反覆的思考後，戴克將自己對職業與名聲的顧慮棄之一邊，他破壞了鐵路局規則中最嚴格的一條，果斷地發出了調車命令的電報，並在電文下面簽上了司各特的名字。

當段長司各特來到現場時，所有客貨車輛均已疏通，所有的事情都有條不紊地進行著。他起先是一驚，結果他終於一句話也沒有說。

事後，戴克從旁人口中得知司各特對於這一意外事件的處理感到非常滿意，他由衷地感謝戴克在關鍵時刻果敢、正確的行為。

這件事對其貌不揚的戴克來說是一個人生的轉折點。從此，他便升為司各特的私人祕書，24 歲時就接替了司各特的職務，提升為段長。

蕭伯納與拜倫的故事

成就大事業者很多都屬於敢冒風險、不畏困苦、開拓進取的勇士，他們的果敢令我們肅然起敬。而膽小怯懦、畏首畏尾者注定是一個命運的棄兒。讓我們看蕭伯納的故事。

愛爾蘭劇作家蕭伯納是個自信心很強的人，他在文學領域取得了很大的成就。然而，你不會想到，他小時候也是一個性格怯懦的人。就讓我們來看他的一段故事：

蕭伯納小時候性格很怯懦。有一次，他來到校長辦公室門前，他想敲門進去，可他的手剛碰到門又悄悄放下了。他在那裡猶豫了一陣子，最後還是沒有進去。他一個人默默地回去了，但沒走幾步，他馬上轉回，並在心中暗自下定決心：我這次一定要進去！可是，當他再次觸到木門時，又膽怯了。就這樣，他在門外徘徊了半個小時！

在平常的時候，蕭伯納總是這樣問自己：「我說這話，人家會笑話嗎？那我還是別說了……我這樣做，別人不會認為我愛出風頭嗎？那還是別做了……」

諸如此類的擔心像惡魔一樣支配著他的行為，但他十分清楚，這種性格只會毀掉自己的人生，他想改變自己，因此，他下定決心要從怯懦中掙脫出來。

從此以後，他開始在眾人面前大膽講話。起初，只要他一講話，他的小腿就打顫，為此，他就有意識地擺出一副自信的樣子，並不斷延長自己講話的時間。一天又一天過去了，蕭伯納的性格漸漸地變得堅強起來，他不再怯懦了，並在文學上取得了很大的成就。

勇敢者有時會面臨許多意想不到的困難和危險，而成功也總是垂青勇敢者。怯懦者的生命也許會很長，可他的一生不過像天上劃過的流星，寂

寂無聲；勇敢者的生命也許會很短，但他像春天裡的一聲雷，必將震撼整個大地。

十九世紀，在英國的名門公立學校 —— 哈羅學校，常常會出現以強凌弱、以大欺小的事情。

有一天，一個強悍的高個子男生，攔在一個新生的面前，頤指氣使地命令他替自己做事。新生初來乍到，不明白其中原委，斷然拒絕。高個子惱羞成怒，一把揪住新生的領子，劈頭蓋臉地打起來，嘴裡還罵罵咧咧：「你這小子，為了讓你聰明點，我得好好開導你！」新生痛得齜牙咧嘴，卻並不肯乞憐告饒。

旁觀的學生或者冷眼相看，或者起鬨嬉笑，或者一走了之。只有一個外表文弱的男生，看著這欺凌的一幕，眼裡漸漸湧出了眼淚，終於忍不住嚷起來：「你到底還要打他幾下才肯罷休！」

高個子朝那個又尖又細的抗議的聲音望去，一看也是個瘦弱的新生，就惡狠狠地罵道：「你這個不知天高地厚的傢伙，問這個幹嘛？」

那個新生用含淚的眼睛盯著他，毫不畏懼地回答：「不管你還要打幾下，讓我替他忍受一半的拳頭吧。」

高個子看著他的眼淚，聽到這出人意料的回答，不禁羞愧地停住了手。

從這以後，學校裡反抗惡行暴力的聲音開始響亮，幫助弱者的善舉也逐漸增多，兩個新生也成了莫逆之交。那位被毆打的少年，深感愛與善的可貴，後來成為英國頗負盛名的大政治家羅伯特·皮爾（Sir Robert Peel）；那位挺身而出、願為陌生弱者分擔痛苦的，則是揚名全世界的大詩人喬治·拜倫（George Gordon Byron）。

生而為人，我們也需要像拜倫一樣，在別人只是畏懼地逃避，或幸災樂禍地觀看時，能夠拿出罕見的勇氣，為了善，為了愛，也為啟迪和震撼

那些冷漠的心靈。

　　勇氣是如此的重要，以至於一位父親為他兒子的怯懦而感到苦惱；兒子都已經十六七歲了，卻一點男子漢的氣概都沒有。毫無辦法之際，他去拜訪一位拳師，請求這位武術大師幫助他訓練他的兒子，重塑男子漢的勇氣。

　　拳師說：「把你的男孩留在我這裡半年，這半年裡你不要見他，半年後，我一定把你的孩子訓練成一個真正的男子漢！」半年後，男孩的父親接回男孩，拳師安排了一場拳擊比賽來向這位父親展示這半年來的訓練成果，被安排與男孩對打的是一名拳擊教練。

　　教練一出手，這男孩便應聲倒地。但是，男孩才剛剛倒地便立即站起來接受挑戰。倒下去又站了起來……如此來來回回總共二十多次。

　　拳師問這個父親：「你覺得你孩子的表現夠不夠男子漢氣概？」

　　「我簡直無地自容了，想不到我送他來這裡訓練半年多，我所看到的結果還是這麼不經打，被人一打就倒。」父親傷心地回答。拳師意味深長地說：「我很遺憾，因為你只看到了表面的勝負，但你有沒有看到你兒子倒下去又立刻站起來的勇氣和毅力呢？那才是真正的男子漢氣概！」

　　樹根越是深入大地，越能挺拔向上；苔蘚在被人遺忘的角落，仍有青春奮鬥的足跡。只要站起來的次數比倒下去的次數多一次，你就一定能夠取得成功。

培養敢作敢為的氣魄

　　勇於冒險，敢作敢為，是怯懦者應該學習的地方。實際上，冒險和成功常常是相伴在一起的，尤其是在當今的商場中，冒險精神更為競爭者所必需。經營上的逆境，隨時都會出現，極少有一帆風順就能發財的人。要想超越其他人，就必須有冒險的精神，勇於創新。

冒風險需要一定的膽量和熱情。大部分人選擇停留在所謂的「安全圈」內，無意於進行任何形式的冒險，即使這種生活過得庸庸碌碌、死水一潭也不在乎。

有這樣一位女高音歌劇演員，天生一副好嗓子，演技也非同一般，然而演來演去卻盡演些最末等的角色。「我不想負主要演員之責，」她說，「讓整個晚會的成敗壓在我的身上，觀眾們屏聲息氣地傾聽我吐出的每一個音符。」

其實這並非因為膽小，她只是不願意認真地想一想：如果真的失敗了，可能出現什麼情況，應採取什麼樣的補救辦法。卓有績效的人則不然，由於對應變策略 —— 失敗後究竟用什麼方式挽救局勢早已成竹在胸，他們勇於冒各種風險。

一位公司總經理說：「每當我採取某個重大行動的時候，會先給自己構思一份滲敗報告，設想這樣做可能帶來的最壞結果，然後問問自己：『到那種地步，我還能生存嗎？』大多數情況下，回答是肯定的，否則我就放棄這次冒險。」心理學家認為，做最壞的打算，有助於我們做出理智的選擇。如果因為害怕失敗而坐守終日，甚至不敢抓住眼前的機會，那就根本無選擇可言，更談不上什麼績效和成功。而且，當環境稍加變化的時候，他們就會顯得手足無措。

那麼，怎樣才能培養勇於冒險的氣魄呢？

◆ **積極嘗試新事物**：在生活中，由於無聊、重複、單調而產生的寂寞會逐漸腐蝕人的心靈。相反，消除那些單調的常規因素倒會使人避免精神崩潰。積極嘗試新事物，能使一蹶不振、灰心失望的人重新恢復生活的勇氣，重新把握住生活的主動權。

◆ **嘗試做一些自己不喜歡做的事**：屈從於他人意願和刻板的清規戒律，

已成為缺乏自信者的習慣，以至於他們誤以為自己生來就喜歡某些東西，而不喜歡另一些東西。應該意識到，之所以每天都在重複自己，是由於懦弱和沒有主見才養成的惡習。如果我們嘗試做一些自己原來不喜歡做的事，就會品嘗到全新的樂趣，從老習慣中慢慢擺脫出來。

◆ **不要總是訂計畫**：缺乏自信的人相應的缺乏安全感，凡事希望穩妥保險。然而人的一生是根本無法定出所謂的清晰計畫，因為有許多偶然的因素在影響。有條有理並不能給人帶來幸福，生活的火花往往是在偶然的機遇和奇特的感覺中迸發出來的，只有欣賞並努力捕捉這些轉瞬即逝的火花，生活才會變得生氣勃勃，富有活力。

冒險應該算是人類生活的基本內容之一。沒有冒險精神，體會不到冒險本身對生活的意義，就享受不到成功的樂趣，也就無法培養和提高人的自信心。自信在本質上是成功的累積。因此，瞻前顧後、驚慌失措、力圖避免冒險無疑會使我們的自信喪失殆盡，更不用指望幸福快樂會慷慨降臨了。

所謂的冒險，並不僅僅是指征服自然，跨入未知的土地、海洋及宇宙。在人類社會，我們會和種種不合理的習慣勢力、陳規陋習狹路相逢，如果我們堅持按照自己的意見行事，那麼就在很大程度上冒了風險。甚至想要小小改變一下自己的生活方式，同樣也在冒險之列，關鍵是看自己是否勇於試一試，是否能夠把自己的想法貫徹到底。

假如生活中未知的領域能夠引起自己的熱情，並使自己做好「試一試」的心理準備；假如人生真的如同一場牌局，而我們自己又能夠堅持把牌打下去，不是中途退場的話，那麼每克服一個困難，就為自己增添了一分自信。

▌膽大還得心細才行

當然，冒險不等於一意孤行，不考慮後果，它需有心細的配合。否則，膽大也就變成了魯莽的代名詞。

旅美華人譚仲英就是一個膽大心細的人。譚仲英初到美國時，他一無所有，吃了上頓沒下頓，花了一番功夫才在一家鋼鐵企業找了一份銷售員的工作。從此以後，他就與美國的鋼鐵工業結下了不解之緣。

歷經多年的打拚，到 1964 年，譚仲英建立了第一個屬於自己的鋼鐵公司。不過，富有冒險精神的譚仲英並不滿足於做個小老闆，他接二連三地買下了許多破產公司，從此，他所經營的企業進入了蓬勃發展的新時期，到了上個世紀末，譚仲英取得了令人難以置信的成就，在美國鋼鐵界享有盛名。

在美國這樣一個商業社會裡，商場中的競爭尤為激烈。譚仲英的創業史表明，他的確是一個勇於冒險，勇於花巨資購買倒閉公司和工廠的能手。譚仲英在事業上的巨大成就，不管其中冒險的成分有多大，但隱藏在大膽作風背後的，肯定有精心的謀劃。這個冒險家絕不是那種頭腦簡單、莽莽撞撞，到處亂撞的有勇無謀的冒險家。從這一點上可以說他是一個敢闖敢做且又非常冷靜的人。

在 1982 年，美國工業出現了嚴重的衰退，粗鋼產量大幅下降，只有6,570 萬噸，比 1981 年減少了 41.1%。在 1982 年的前九個月內，美國七家最大的鋼鐵工業公司的業務虧損總額超過了 10 億美元。

在這一年，排名世界第七的美國伯利恆鋼鐵公司，因虧損巨大，在 1982年底，不得不宣布永久關閉設在紐約州拉卡瓦納和賓夕法尼亞州約翰斯頓的兩個分廠，這一決定使得近萬名工人失業。更為嚴重的是，伯利恆鋼鐵公司的下屬麥克羅斯鋼廠竟在一個季度內虧損了 1 億美元。虧損如此慘重，麥克

第十三章　將膽怯懦弱扔進太平洋

羅斯鋼廠雖竭盡全力但仍無力回天，大鋼廠前途叵測，4,000 名員工面臨失業的命運。就在這種情況下，譚仲英經過分析思量，冒著巨大的風險買下了這個鋼廠。事實證明，這個冒險之舉後來為他帶來了豐厚的回報。

譚仲英不僅敢冒險收購即將倒閉的工廠，而且善於經營，使瀕臨破產的工廠扭虧為盈。隨後，他再以高價把工廠賣出，去做更大的投資。對譚仲英這種大膽的經營作風，他的朋友威廉・馬克曾評價說：「譚仲英總是在葬禮上買下公司，而在婚禮時將它脫手賣出。」這段話可以說是既實在又風趣，然而就在這一買一賣的進出之間，充分展示了譚仲英的精打細算和勇於冒險精神。

在資本運作上，譚仲英也表現出他那種膽大心細，勇於冒險的作風。譚仲英每收購一家即將倒閉的公司時，他都向銀行爭取相當的貸款，並且用第一個公司作抵押，再向銀行爭取貸款收購第二個公司。然後，又用第二個公司作抵押向銀行爭取貸款收購第三個公司……如此不斷地發展，終於使譚仲英擁有了二十個與鋼鐵有關的企業，躋身於美國大牌鋼鐵企業的行列當中。

我們認真想想，如果譚仲英沒有那種勇於冒險的精神，他怎麼可能在短短的幾年中，快步地入圍美國最大的私營企業行列呢？因為別人都不敢做，而他做了，所以他成功了。譚仲英的祕密就在於他那勇於冒險的精神，還在於他那膽大心細、善於見機行事的作風。而膽小怕事，不敢嘗試的怯懦者是不會有所作為的。

上天對每個人都是公平的，但就像美麗的玫瑰花總帶刺一樣，人生的道路上總是伴隨著風險。所以，只有勇於冒險的人，才能在風險面前毫不畏懼，勇於開拓道路，勇於追求常人不敢追求的目標，才能讓自己活得與眾不同。

小測試：你是個膽小鬼嗎

測試問題

以下的問題請不要思考，選出第一個出現在你腦海中的答案。

1. 說到「時鐘」會想到什麼？
   A. 手錶　B. 鬧鐘。
2. 說到「英雄」會想到什麼？
   A. 強壯　B. 正義。
3. 說到「紅花」會想到什麼？
   A. 鬱金香　B. 玫瑰。
4. 說到「前輩」會想到什麼？
   A. 集體活動　B. 晚輩。
5. 說到「動物園」會想到什麼？
   A. 熊貓　B. 獅子。
6. 說到「男生最喜歡的運動」會想到什麼？
   A. 棒球　B. 足球。
7. 說到「書」會想到什麼？
   A. 教科書　B. 小說。

測試結果

你的答案中有幾個 A，就可以解析出你的膽量幾何。

6～7 個 A：常常心跳得很快。

你是個超級膽小的人。雖然只是遇到一件很小的事，你也不敢勇敢地面對。這使你很難習慣社會環境。

4～5個A：你是隱藏的膽小鬼。

你在人前總是顯得非常勇敢、堅強，能夠面對任何事情，但是事實上你的內心十分怯懦，不敢面對已經發生的事情。

2～3個A：你是表面的膽小鬼。

在事情發生之前你很怯懦，但是一到事情發生之後馬上就發揮出你的力量。因此你只是表現上看起來有點怯懦，事實上是個十分勇敢的人。

0～1個A：你的膽量很大。

你是不管何時都不會感到害怕的那種類型，即使承受壓力，也可以冷靜地以平常心面對。這樣的個性會讓很多人覺得你值得信任。

第十四章

死要面子的人最沒面子

面子既不能不要，但也不能全要。我們一定要有個正確的認知，你應該明白，如果死要面子的話，可能會因此丟掉更重要的東西。因此，一定不要為了要面子而糟蹋自己，只有拋開面子問題，你才可以過得輕鬆快樂。

　　其實，死要面子的人往往是最沒面子的人。面子是表面的，是虛浮的，要面子是虛榮心的表現。面子華而不實，外看一朵花，內心一團糟，只是一個繡花枕頭而已。一個人如果沒有善良的靈魂，再漂亮的外殼又有什麼用？

　　有個書生家裡很窮，卻很愛面子。一天晚上，小偷來到他家中，翻找之後，沒有發現值得一偷的東西，便跺腳嘆道：「晦氣，我算碰到了真正的窮鬼！」書生聽了，趕緊從床頭摸出僅有的幾文錢，塞給小偷，說：「您來得不巧，請您把這點錢帶上。但在他人面前，希望您不要說我窮，給我留點面子啊！」

　　這個書生是一個死要面子的人，這樣的人在生活中很多。有些人即使債臺高築，也要揮金如土，與他人比吃穿、用、比收入。有錢的人比轎車、比住房、比待遇、比職位……操辦紅白喜事時講排場、擺闊氣；住房裝修時，比豪華氣派；生活消費上，大手大腳，寅吃卯糧，借貸消費，其目的都是希求他人將目光聚集在自己身上。虛榮的情緒與他人的反應息息相關，他人反應的變化會使虛榮的情緒迅速反映。

▌不要死要面子活受罪

　　有句俗話說：「死要面子活受罪。」這話一點都不假。有的人為了所謂的面子而不考慮自身能力，盲目地接受他人的請託或要求，最後只會把自己弄得筋疲力盡或一鼻子灰。人為了面子，有時候會義無反顧地去做傻事，包括去死。當然，為面子而死的人畢竟是少數，但死要面子確實沒一點好處。

我們來看這個例子：

小楚是個很看重面子的人，當看到公司那些比自己來得晚的人都升遷了，而他卻在原地踏步，心裡就相當不平衡。為了找回老員工的面子，他便開始吹牛，今天說跟某經理是大學同學，明天又說和政府的人很熟悉，後天又說老闆很看重自己。果然沒多久，他發現周圍人看自己的眼神都和過去不同了，見了他都十分敬畏，這讓小楚很得意。

但這種「很有面子」的日子沒有持續多久，接下來的日子，他被面子害苦了。先是同事阿強的岳父準備開一家速食店，營業執照卻總是辦不下來。於是阿強找到小楚，請他幫忙找政府上的朋友疏通關係。這讓小楚很為難，他哪裡認識政府上的人，那只是胡亂編的罷了，他只在電視上見過那些官員。

但小楚曾經炫耀過自己，為了面子，小楚只好應承下來。或許是巧合，事後沒幾天，阿強速食店的證件竟然奇蹟般地辦下來了（並不是小楚的功勞）。就這樣，阿強覺得這是小楚為自己疏通關係的結果，便把小楚看成一個神通廣大的人。

這件事後，小楚的名氣更大了，許多人對小楚的態度越發尊敬，愛面子的他又得意忘形起來。不過很快，他又笑不出來了。自從上次的事情過後，更多人來找他辦事情，而且每一件都不是小事，動輒就是買地皮、租商業大樓之類的大事情。小楚為了不失面子，雖然明知根本辦不到，卻通通應承了下來。但結果是，他一件事情都沒辦成，這時候大家才知道他在吹牛。從此以後，很多人都不信任他，也不願和他交流了。

在生活中，愛面子的人會覺得拒絕別人的請求是自己無能的表現。因此，為了維護自己的尊嚴和在他人心目中的地位，便不得不接受周圍人的請求。

他們覺得，只有這樣才能成為人物，才受人尊敬。但是很多人只看到有面子的自豪感，卻忽視了為此所需付出的代價。如果你有能力，你可以答應別人的請求，做到了，別人就會感激你；但如果你根本沒有能力還硬著面子答應，最後肯定會很難看，成為別人的笑柄。

就像文中小楚對朋友做出的承諾，根本就是辦不到的事情，雖然在應承的時候顯得無比威風，很了不起，可是接下來怎麼辦？做不到的事再怎樣吹牛也做不到，時間一久自然會讓人起疑。如果一個人吹牛的事情被拆穿，輕則受人恥笑，面子丟盡，重則耽誤了別人處理事情的大好時機。而此後，還有誰會相信他！

看來，死要面子的人只會活受罪。對於這樣的人，就承認自己能力是有限的，要拒絕朋友的請求。畢竟大家都一樣，自己辦不到也情有可原，如果幫不上忙，朋友也不會責怪你。你一旦拋開面子問題，你會發現自己的生活是多麼輕鬆。

一切都是虛榮惹的禍

《教育部國語辭典》對「虛榮」這一詞條的解釋是：呈現在表面上的光彩。虛榮心，即是追求、愛慕表面上光彩的思想、心態、觀念和意識。既然是「虛榮」，那就不是實實在在的榮耀，而是自我認知的、表象化的、曇花一現式的榮耀，追求虛榮只會得到一時的心理滿足，而非真正的幸福快樂。

記得在馮小剛導演的電影裡，有這樣一段臺詞：

一定得選最好的黃金地帶，僱用法國設計師，建就得建最高級的公寓，電梯直接入戶，戶型最小也得四百平方公尺。什麼寬頻呀，光纜呀，衛星呀，能給他接的全給他接上。

樓上有花園，戶外裡有游泳池，樓裡站名一英國管家，戴上假髮，很紳士的那種。業主一進門不用管有事沒事都得跟人家說：「May I help you, sir?」一口道地的英國倫敦腔，超有面子！

社區裡再建一所貴族學校，教材用哈佛，一年光學費就得幾萬美金。

再建一所美國診所，24 小時候診。就是一個字：貴！看感冒就得花個數千元的。

周圍鄰居不是開 BMW 就是開賓士，你要是開日本車，你都不好意思跟人家打招呼……

什麼叫成功人士，你知道嗎？成功人士就是買什麼東西，都買最貴的，不買最好的！

這樣虛榮的人可算達到了極致，幾乎可以歸於精神病之列。但現實生活中，類似於這種「精神病」的傻事卻比比皆是。

在學博士生高某，入校前曾在一所國中當了五年國文老師，再有兩週就要畢業重返講臺。但她卻因在高中的圖書館內賣毒品被抓，當時警察從她的身上搜出了 70 克海洛因，在其租住處，搜出了 3,000 多克毒品。因為愛慕虛榮，她從一名大學生變成了大毒梟。

高某剛上大學時，穿著非常樸素，讀書也很認真，幾乎天天泡在圖書館看書。後來，她認識了已經出社會的男友，逐漸領略到了花花世界的繽紛，內心也就蠢蠢欲動起來。男友買給她一萬多的衣服，每個月在她身上的花費不下兩萬元。同居不久，高某發現了男友不僅吸毒，而且販毒。高某想離開這個毒販子、癮君子男友，但一想到離開男友後，自己就不會再有那麼多高級的衣服，她就有些猶豫不決。看來，人的虛榮心會使人像吸食毒品一樣的上癮，一樣的不能自拔。無法離開男友的她，最終在泥潭越陷越深，直至成為毒梟被捕。

第十四章 死要面子的人最沒面子

　　高某懺悔道：「我家庭狀況不錯，自小我對吃的要求不高，但對穿著非常在意，遇上馬某（吸毒販毒的男友）後，我感覺我過得非常風光。是虛榮心害了我，如果沒有虛榮心作怪，我就不會越陷越深。」

　　虛榮心能夠改變一個人身上一切善良美好的特質，讓人為了不斷滿足這種越來越膨脹的虛榮心，不擇手段地去逐利，甚至走上犯罪道路。相信可悲而又可恨的高某，一定讀過莫泊桑的《項鍊》（La Parure），曾為人師的她說不定還多次對學生講解過這篇課文。那個漂亮的瑪蒂爾德，因出身卑微不能嫁給有錢人，為了能在一次晚宴上豔驚四座、壓倒群芳，特地從友人那裡借來一根金剛鑽項鍊。當她戴著項鍊在宴會上出現的時候，引起了全場人的讚歎與奉承，她的虛榮心得到了極大的滿足。不幸的是，在回家的路上，這條項鍊丟失了。為了賠償這價值 36,000 法郎的金鋼鑽項鍊，她負了重債。之後，她整整十年節衣縮食才還清了債務。而頗具諷刺意味的是這時對方告訴她丟失的項鍊是假的。

　　心理學上認為，虛榮心是被扭曲了的自尊心，是自尊心的過分表現，是追求虛表的性格缺陷，是人們為了取得榮譽和引起普遍注意而表現出來的不正常的社會情感，是心理上不健康的心態，與愛美之心和榮譽感有本質的區別。愛美之心和榮譽感太強，超過了一定的範圍，就變成了虛榮心。虛榮心表現在行為上，主要是愛慕虛榮，盲目攀比，好大喜功，過分看重別人的評價，自我表現欲太強，有強烈的嫉妒心。

　　虛榮心最大的危害，就是致使人在追求目標時採取不切實際的、錯誤的手段，以致使行為和目標走向偏離，鑄成大錯。法國哲學家亨利‧柏格森（Henri Bergson）說過：「虛榮心很難說是一種惡行，然而一切惡行都圍繞虛榮心而生，都不過是滿足虛榮心的手段。」真是一語中的！

▌能屈能伸，面子算什麼

要在這個社會上生存，我們總要與人競爭，但競爭不等於處處搶占上風。有時候自貶身價、甘拜下風也不失為高明的生存之道。能曲能直，能屈能伸，曲是為了直，屈是為了伸，這樣的人才能成為大丈夫。所以，凡是能成就大事業者，都不會把面子看得太重，他們都有能屈能伸的精神。

徐蘭沅是著名京劇音樂家，先後為京劇藝術大師譚鑫培、梅蘭芳操琴數十年，在京劇音樂界享有很高的威望。在他小時候，有一位老琴師名叫耿一，他的琴彈得非常好。徐蘭沅很想拜他為師，只是苦於沒有機會。

一日，徐蘭沅在街上閒逛，正好遇見了耿一。徐蘭沅思師心切，便急忙走上前去，想拜耿一為師。誰知這位耿一從來不收徒弟。當時耿一滿臉傲氣，把徐蘭沅從頭到腳打量了好一陣子，才冷冷地說道：「小子，我可以教你。不過，你得趴在這大街上當眾給我磕個頭才行。你願意嗎？」

徐蘭沅一聽，也顧不上自己的面子，就撲通一聲跪在大街的石板上，給耿一恭恭敬敬地磕了個響頭。耿一見徐蘭沅學藝如此心誠，當即就破例收下了他這個徒弟，而這一跪拜磕頭卻使徐蘭沅獲得了琴藝上的提高。

我們再看另一個故事：

1924 年，北洋政府國務總理張紹曾主持召開了一次國務會議。人稱「荒唐鬼」的財政總長劉思遠，一到會場上坐下就大發牢騷說：「財政總長簡直不能幹了，一天到晚都有人來要錢，誰也沒本事應付。比如胡景翼這個土匪，也是隔三差五地來要錢，國家用錢養土匪，這是從哪裡說起？」

胡景翼是同盟會成員，1924 年在北京和馮玉祥、孫岳發動北京政變，任國民軍副司令兼第二軍軍長，是個炙手可熱的人物。劉思遠的牢騷發完以後，大家沉默了一會兒。正在討論別的問題時，農商部副長劉定五忽然站起來說：「我的意見是今天先要討論一下財政總長的話。他既說胡景翼

是土匪，國家為什麼還要養土匪？我們應該請總理把這個土匪拿來法辦。倘若胡景翼不是土匪，那我們也應該有個說法，不能任別人不顧事實地血口噴人！」

劉思遠聽了這話，漲紅了臉，不知道該說什麼好。大家你看我，我看你，都不說話，氣氛甚為緊張。大約過了一刻鐘，總理張紹曾才說：「我們還是先行討論別的問題吧！」

但劉定五倔強地說：「不行！我們今天一定要討論胡景翼是不是土匪的問題，這是關係國法的大問題！」

所有人的目光都投向了劉思遠，他這才勉強笑著說：「我剛才說的不過是一句玩笑話，你何必這樣認真！」

劉定五卻嚴肅地說：「這是國務會議，不是隨便說話的場合。這件事只有兩個辦法：一是你通電承認你說的話如同放屁，再一個是下令討伐胡景翼！」

事情鬧到這一地步，大家都知道劉思遠下不了臺，會丟臉，但出人意料的是劉思遠總長竟跑到劉定五次長面前行了三鞠躬禮，並且連聲說：「我說錯了，我的話算是放屁，請你饒恕我，好不好？」

看到劉思遠能不顧自己的面子承認錯誤，劉定五也不想再為難他了，就有意將話題引向了其他事務上，大家誰也沒再提。在這件事上，劉思遠能擺開面子，放低身段去道歉，為自己挽回了局面

看了這兩個故事，你會發現，如果一個人丟掉面子問題，做到能屈能伸，他就會獲得機遇，更會改變自己的處境。想當年韓信甘受胯下之辱，從別人褲襠底下爬過去，那便是能屈能伸的最高境界，面子在他們眼裡根本算不上什麼。

在這個社會生存，總有要低頭的時候，過於愛惜面子是毫無意義的。

低低頭，認個錯，自己並不損失什麼，而結果卻是你好我好，何樂而不為呢？另一方面，為了成就事業、實現自己的理想，在必要的時候使用屈伸之術，而待時機一到，便東山再起。

有時候，能屈能伸的人看上去非常窩囊，一點男子氣概都沒有，讓人覺得他不會有什麼出息，經不起風浪的考驗。但是！這樣的人你不能小看，越是這樣的人越是胸中隱藏著遠大的志向。他們能屈能伸，能拋開面子的困擾讓自己堅強；他們富有忍耐力和處理危機的能力，他們才是真正的大丈夫。

成功青睞厚臉皮

有句俗話：「臉皮厚，吃個夠；臉皮薄，吃不著。」這話聽起來有點厚顏無恥，但想想卻不無道理。

就是因為練就了針炙不進、刀扎不透、人罵不紅的厚臉皮，成功者沒有被成功拋棄。而一旦成就大業後，這種厚臉皮便被美其名曰「忍辱負重」。

韓信小時候家裡很窮，總是被人欺負。有一天，他在自家居住的城鎮街道上行走，被幾個地痞無賴攔住。

其中一個地痞指著他說：「你這個傢伙，個子是長得蠻高，平時還帶著一把劍走來走去的，我看你是個膽小鬼！」他這麼一說，馬上就圍上來一大群人看熱鬧。

這個傢伙氣就更盛了，說：「你不是有把劍嗎？你要是不怕死，你就拿你的劍來刺我啊！你敢給我一劍嗎？」

韓信拒絕和他們挑戰，誰知他們硬纏著不讓他離去。

「不敢吧？那你就從我兩腿之間爬過去。」地痞大聲說。

第十四章　死要面子的人最沒面子

是刺還是鑽呢？最後，韓信放棄了決戰，選擇了鑽褲襠。他把頭一低，就從這個無賴的胯下爬過去了，然後趴在地下。看到這個場面，整個街上的人都笑了。

韓信鑽褲襠的事情迅速傳遍全城。人們見到他就恥笑他，認為他是個沒有骨氣的人，可是他一次也未向任何人提及個中原委，也沒解釋自己表面看來喪失骨氣行為的理由。對於他來說，那幾個目不識丁的痞子壓根就不是他的對手。他明白自己要成就的是一番大事業。

表面上，韓信是一個溫順膽小之人，但這樣做也是有其道理的。因為在這時的情況下，如果他殺了痞子，肯定要受法律的制裁。總之，被痞子殺或者殺了痞子，結果都難逃一死。為了不給自己惹來麻煩，他選擇了鑽褲襠。

雖然說韓信的臉皮已經夠厚的了，但他還不算頂尖高手。因為和韓信同時代的，還有一個人比他臉皮還厚，這個人就是劉邦。

劉邦的臉皮可說是厚到了極點，這正是他能夠戰勝勢力強大的項羽、由一介布衣登上皇位的原因所在。

劉邦與項羽兩大陣營為了爭奪天下，互相廝殺。起初，項羽擁有最精良的軍隊，占據了各方面的優勢。這一點從雙方的戰況可以看出，在歷時三年的征戰中，項羽只輸了一場。但是，就這一場失利，使他最終敗給了劉邦。

在早先的征戰中，有一次，劉邦被項羽生擒。只要項羽嘴皮子一動，劉邦就人頭落地了。

可項羽害怕殺劉邦落下「不義」之名，不僅沒有處死這位與自己爭天下的敵人，反而賜封他漢王。項羽的「面子」給劉邦提供了重整兵力，東山再起，征服項羽的機會。難怪韓信在評價項羽時說，他具有婦人之仁，匹夫之勇。戰場上項羽毫不留情地殺人，坑殺數十萬降兵，可是當他面對被自己打敗的敵人的時候，卻拋棄了自己的目標，竟然拉不下殺人的臉皮。

可劉邦與他恰恰相反，在早年衝突的歲月裡，劉邦一次又一次地敗在項羽的手下，可是他從不為自己重返家鄉徵兵募馬而感到恥辱。他厚著臉皮，可以做任何實現自己雄心壯志所需要的事情。

當項羽感到最後一場勝利的希望悄悄失去的時候，他下令將劉邦的父親押上來，劉邦父親已經做他的階下囚好多年了。他將其綁在一鍋燒得滾開的油鍋前面。這時，劉邦做了一件驚天動地的事情。他將三軍將士撤回自己的陣地，自己揚鞭催馬來到陣前，大聲喊道：「項將軍，我們曾經是滴血為盟的拜把兄弟。我的父親也是你的父親。倘若你要煮我們的父親，請給我留一杯肉湯。」

臉皮厚到如此程度，難怪他會統一天下。值得大家注意的是：不能把「臉皮厚」與「不要臉」混為一談，「不要臉」是不遵守道德，而「臉皮厚」則是心埋承受能力強的表垷。西方人認為，皮膚厚、對別人的責難和非議無動於衷者為最佳之人。這種觀念接近於厚臉皮：保護自己的自尊心免受別人惡言惡語傷害的盾牌。

厚臉皮者就是能運用這一盾牌，把自我懷疑撇在一邊，拒絕接受別人試圖強加於自己頭上的「緊箍咒」。更重要的是，他們不懷疑自己的能力和價值。在他們的眼裡，只有自己才是盡善盡美的人，所以他們往往更容易步入成功人士的行列。

▍不要太在意別人的目光

那些把英語學成「啞巴英語」的，幾乎個個都是臉皮薄的人。因為害怕在老師、同學或外國友人面前出醜，因此不願開口說英語。結果，面子似乎是保住了，卻丟了真才實學。等到必須開口運用時，更會因一口蹩腳的英語而大失顏面。只有那些無所顧忌、不怕出糗的人，才能在一次一次

的「出糗」中學習、提高自己的口說能力，最終光彩奪目。

　　從前，有個農夫帶著孫子，牽著一頭驢準備去市場賣掉。走了一段路，那位農夫聽到有個路人說：「這祖孫倆放著驢不騎，真是傻瓜。」二人覺得有道理，於是祖孫倆便一起騎上驢背繼續行程。

　　走了不久，又遇見一個路人，那人指著他們說：「這祖孫倆真是夠狠心的，兩個人騎驢，快把驢壓死了。」聽路人這麼一說，那農夫覺得也有道理，趕忙下來，讓孫子一人騎在驢背上，自己牽著驢步行。

　　過了不久，又遇到了一個老婆婆。那老婆婆說道：「這是什麼世道呀，這個小孩子這麼不懂事，自己享受，讓老人家走路。」

　　農夫聽了，覺得自己很丟面子，便讓孫子下來，他自己騎上驢。走著走著，他們來到一條熱鬧的街上。那裡有三五個婦女對他們指指點點：「哎，這個老人怎麼這麼沒有愛心，光顧自己享受，讓小孩受苦。」

　　農夫聽後覺得很尷尬，氣憤地說：「這也不是，那也不是，你們到底讓我們怎麼樣啊？我該如何做你們才滿意？」

　　在生活中，類似農夫這樣的人很多，他們都生活在別人的眼光中，生活在別人的價值觀裡。上課回答問題的時候緊張，生怕回答錯了遭到同學的嘲笑；走上工作崗位，又要盡可能使自己在同事的心目中是完美的，在老闆的眼中是優秀的。

　　事實上，這是因為他們常常高估了自己在別人心目中的地位，努力想去扮演完美形象。其實不必過分在乎別人對你的看法，這種多心只會使你步入不幸之途。只要記住，做好你自己就足夠了！

　　如果太在乎別人的目光，你做事情就放不開手腳，會養成猶豫不決的性格。如果一個企業家太在乎工人的眼光，他就難以成為強有力的管理者。在發獎金的時候，他會首先考慮到副經理會怎麼想，科長會怎麼議論

自己，然後那些老工人會不會認為我不照顧他們，還有守衛會不會認為自己不體貼他。這樣，不調整十幾遍，獎金是發不下去的。

如果是一個歌唱家，上臺之前為了展現好的形象，一身衣服會換十來次，最後還是帶著疑惑上場，上場後發現掌聲並沒有那麼熱烈，心裡就萬分失落……這樣的歌手肯定唱不好歌，也不會受到大家的歡迎。

其實生活在社會上，一個人如果太在乎個人形象，再怎麼快樂的事情在他眼中也會變得不快樂了。所以，不要為了別人的目光而改變自己的生活方式，不要盲目讓自己服從別人的看法。走自己的路，把一切浮華都丟在腦後吧！

不妨扯下自己的面子給別人

很多人都在乎自己的面子，如果你給別人面子就是給他一份厚禮，讓他臉上有光。你給別人一個面子就相當於承認別人優秀……而且如果他領了情，日後也一定會對你做出相應的回報。可見，給別人面子也是一種處世的技巧。

如果你只顧自己的面子，而讓對方很沒面子，對方一定會很生氣，這可能會給你帶來極為不利的後果。譬如你否定了對方的建議、主張，打擊了他的臉面和自尊心，他就可能非但不改變自己的看法，還要進行報復，與你一爭高下。相反，若是你扯下自己的面子給對方，讓他感到虛榮的滿足，他就會很感激你。

古代有位大俠名叫郭解。有一次，張某因與他人結怨而心煩，多次央求地方上有名望的人士出來調停，但對方就是不給面子。後來張某找到郭解門下，請他來化解這段恩怨。郭解接受了這個請求，親自上門拜訪了和張某結怨的人，並使出渾身解數說服，終於使這人同意了和解。如果換成

平常人，在化解恩怨後就可以走人了，但郭解還有高人一著的棋，他還有更巧妙的處理方法。

對方決定和解後，郭解對那人說：「這個事，聽說過去有許多當地有名望的人來調解過，但因不能得到雙方的共同認可而沒能達成協議：這次我很幸運，你也很給我面子，讓我了結了這件事。我在謝你的同時，也為自己擔心，我畢竟是外鄉人，在本地人出面不能解決問題的情況下，由我這個外地人來完成和解，未免會使本地那些有名望的人感到丟臉。」

郭解進一步說：「這件事這麼辦，請你再幫我一次，從表面上要做到讓人以為我出面也解決不了問題。等我明天離開此地，本地幾位紳士、俠客還會上門，你把面子給他們，算作他們調解成功。拜託了。」

郭解把自己的面子扯下來，決意送給其他有名望的人，其姿態之高，其心態之平，實在令人敬佩。當然，給別人面子一定要給得自然，不要讓對方明白，否則就顯得你很虛偽，別人對這種面子也不會感興趣。

學會怎樣給別人面子十分重要。之所以要給別人要面子，或者是為了創造融洽的人際關係氛圍，或者是為了以後從別人那裡得到面子，或者是為了從別人那裡得到實際利益。而給別人面子的形式是否恰當，給的方式是否妥當，給的時機是否適宜等一系列問題都會影響到給別人面子的最終效果。

事實上，給別人面子並不難，也無關乎道德，大家都在群體裡生活，給面子也是互助，尤其是無關緊要的事，你給別人面子又何妨？

有人認為「給人面子」是圓滑、世故的表現。但堅持在眾人前「多稱讚、鼓勵、少批評，在私底下才告訴他們缺點」並沒有什麼壞處。這樣既注意了一定的分寸和場合，又堅持了原則；既堅持真理，也不得罪人，還能給足對方面子。這是睿智的做法啊，它把原則性與靈活性很好地結合起來，是科學豁達的處世哲學。

▍小測試：你是否很在乎面子

你是一個愛面子的人嗎？來測試一下吧！

測試題目

1. 看到美食，你的反應如何？

    A. 無法抵擋它的魅力。

    B. 有時很想吃，有時不想吃。

    C. 很想吃，但為了減肥，只好忍住。

2. 跟朋友出去吃飯，你會？

    A. 選擇自己想去的地方。

    B. 提出建議，僅供參考。

    C. 聽從對方的意見。

3. 你平常運動嗎？

    A. 不會主動運動。

    B. 有運動，但是不經常運動。

    C. 每天都去健身房。

4. 如果一個人乘火車，你會？

    A. 主動搭訕旁邊的人。

    B. 對方是帥哥或美女時才會搭訕。

    C. 不會搭訕別人，無聊就睡覺。

5. 下面這幾項活動，你比較喜歡哪一項？

    A. 和朋友去海邊嬉戲。

    B. 和朋友去遊樂園玩。

    C. 獨自爬山。

6. 晚上獨自在家看了一部鬼片，接下來你會？

    A. 盥洗之後睡覺，和平常沒什麼兩樣。

    B. 有點害怕，不過很快就能睡著。

    C. 害怕得睡不著覺，打電話找朋友來陪自己。

7. 假設你遇見鬼了，身邊正好有三種武器，你會選擇哪一種？

    A. 桃木劍。

    B. 十字架。

    C. 佛咒。

8. 你平常很忙碌嗎？

    A. 是，幾乎沒有時間做別的事情。

    B. 還好，雖然忙但還算有少量空閒。

    C. 忙，但是總感覺不知道自己在忙些什麼。

計分方法

選擇 A：1 分，選擇 B：3 分，選擇 C：5 分。

結果分析

8 ～ 16 分：愛面子指數 40%。

你很有個性，且自信好強。正是因為有足夠的自信，所以不會拘泥於面子問題。做事比較尊重自己的真實意願，而不會過多地考慮別人的眼光。絕不會為了面子而接受讓自己不愉快的請求。

17 ～ 24 分：愛面子指數 60%。

你有些愛面子，也喜歡和有名望的人做朋友，以提升自己受尊重的程度。但是由於你處事委婉，所以總讓別人覺得你很謙虛謹慎，很少為了面子而接受無理或力不能及的要求。

25 ～ 32 分：愛面子指數 80%。

你很愛面子，又缺乏自制力，因此經常為了得到虛榮的滿足而答應無法完成的承諾。不過好在最後關頭你總會突然醒悟，及時向對方解釋，並且盡量將不良後果控制在一定範圍之內。但長此以往，你總會遇到失控的狀況。所以在作出承諾之前，應多考慮清楚利弊得失才是正道。

33 ～ 40 分：愛面子指數 100%。

你十分愛面子，只要有人說你的壞話，就立刻大發脾氣。但這正是你內心極度缺乏自信的表現。至於來自周圍的請求，你會不顧一切地去幫忙，可是結果卻往往事與願違。這也側面加深了你內心潛在的自卑感。其實你應該明白，生活中總有許多事情是我們力不能及的，既然如此，何不放開一點，大大方方地承認自己能力有限，然後虛心彌補。要踏踏實實地完成自己分內的事情，不要為了面子而丟了面子。

十三種人類劣根性，別在不知不覺中迷失自己：

一言不合就幹架、不努力怪天公伯沒保庇，沒人有義務配合你，不要再耍小孩子脾氣

編　　著：蔣文正，左蘭

發 行 人：黃振庭

出 版 者：崧燁文化事業有限公司

發 行 者：崧燁文化事業有限公司

E-mail：sonbookservice@gmail.com

粉 絲 頁：https://www.facebook.com/
　　　　　sonbookss/

網　　址：https://sonbook.net/

地　　址：台北市中正區重慶南路一段六十一號八
　　　　　樓 815 室

Rm. 815, 8F., No.61, Sec. 1, Chongqing S. Rd.,
Zhongzheng Dist., Taipei City 100, Taiwan

電　　話：(02)2370-3310

傳　　真：(02)2388-1990

印　　刷：京峯彩色印刷有限公司（京峰數位）

律師顧問：廣華律師事務所 張珮琦律師

定　　價：350 元

發行日期：2023 年 01 月第一版

◎本書以 POD 印製

國家圖書館出版品預行編目資料

十三種人類劣根性，別在不知不覺中迷失自己：一言不合就幹架、不努力怪天公伯沒保庇，沒人有義務配合你，不要再耍小孩子脾氣 / 蔣文正，左蘭編著 . -- 第一版 . -- 臺北市：崧燁文化事業有限公司，2023.01

　面；　公分

POD 版

ISBN 978-626-332-901-0(平裝)

1.CST: 性格 2.CST: 人格特質 3.CST: 成功法

173.761　111018494

電子書購買

臉書